JN043761

1時間でわかる

経理

1年生の

おしごと

税理士
松田篤史
Atsushi Matsuda

技術評論社

小さな会社の経理業務が 1時間でわかるようになる

　数多くの経理本のなかから本書を手にとっていただいたということは、あなたは次のような悩みをもっているのではないでしょうか。「前任者が突然退職し、経理を担当することになったが、引き継ぎもなく何をすればよいかわからない」「近い将来に経理職へ転職を考えていて、手始めに経理の仕事内容をざっくり知りたい」「経営者である家族から自社の経理を手伝うようにいわれ、見様見真似でやっているが、あらためて経理業務の全体像を把握しておきたい」と。

　本書はこうした悩みを持つ経理の初心者向けに、経理の仕事内容について1時間で理解できるよう作成しました。

　第1章では、そもそも経理は何をする仕事なのか、なぜ必要なのかといった点から、経理業務に携わる関係者や、経理業務をスムーズに行うためのコツなどを紹介しています。第2章では、経理業務を行うにあたって必須となる簿記のしくみについて、仕事で必要な部分だけに絞って説明しています。また、実務では簿記と同じく必須となる消費

税の経理処理についても基本的な内容に絞って説明をしています。第3章では、経理部が作成する試算表や資金繰り表を中心に、その内容と活用方法を説明しています。第4章では、給与や賞与といった人件費の経理実務について、毎月の業務の流れを中心に説明しています。第5章では、決算業務の流れとコツに加えて、年末調整や算定基礎届の提出など年1回の業務についても概要を説明しています。

　本書は、小さな会社で働く経理の初心者の方に向けて書かれています。したがって、業務の詳細をあえて省いて説明している部分や、専門家でなくてもわかるように平易な言葉に置き換えて説明している部分があります。その前提で読んでいただき、読後、自分で経理業務の流れがイメージできるようになっていれば本書の目的は達成されたといえるでしょう。現場で実務を行う際には、必要に応じて詳しく解説されている書籍で補足されることを推奨します。

　本書が、経理業務に携わる皆様の一助になることを心より祈念しております。

2020年3月末日
松田篤史

contents

2章 [概要] 日々の仕事 動くお金をチェック

3章 [実践] 月々の仕事 帳簿をつけて資金繰りをチェック

4章 [実践] 月々の仕事 給料の仕訳

5章 実践 年に一度の大仕事 決算書を作成する

1章

基本 経理のおしごとの基本

経理業務を始めるにあたって、まずはどんな仕事をしているのかを把握しましょう。基本的な業務や必要なスキルを解説していきます。

基本│01

会社の経理部は どんな仕事をしているの？

経理は会社のお金を管理している

経理の仕事は「会社のお金を管理すること」です。具体的には、過去、現在、未来という3つのお金に対して管理を行っています。

過去のお金は動きを記録します。過去の収支を複式簿記のルールに則ってひとつずつ仕訳をし、年度末には決算書を作成することが仕事です。これを会計業務と呼びます。

現在のお金は残高を管理して支払いを行います。金庫にある現金や小切手、手形、預金通帳の残高を把握し、必要な支払いを実行することが仕事です。これを出納業務と呼びます。

未来お金については収支を予想して経営者へ情報提供を行います。過去の実績や、他部署からヒアリングした今後の見込みなどさまざまな情報をもとに、会社の未来の収支を予想し、経営判断に役立つ資料を経営者へ提供することが仕事です。これを企画管理業務と呼びます。

会計業務と出納業務はどの会社でも経理が担当していますが、企画管理業務は、小さな会社の場合は経営者自ら行っているケースが多いでしょう。

経理の主な仕事

会計業務

過去のお金に
対する業務

▶▶▶

会社の活動によって**動いたお金を記録する**業務。過去の収支を仕訳し、年度末には決算書を作成をする

出納業務

現在のお金に
対する業務

▶▶▶

お金の**残高を把握し、必要な支払いを実行する**業務。預金通帳はもちろん、金庫にある現金や小切手、手形なども把握する

企画管理業務

未来のお金に
対する業務

▶▶▶

過去の実績や他部署から聞いた今後の見込みなどをもとに、**会社のお金の未来を予想し**、経営判断に役立つ資料を経営者へ提供する業務

どの会社でも
「会計業務」と
「出納業務」は経理が
担当しています

基本 | 02

会社の規模によって経理の仕事も異なる

小さな会社の経理は業務が幅広い

　小さな会社の経理は、大きな会社の経理部と比べて違いが2つあります。

　1つ目は、**1人の社員が経理業務のすべてを担当していること**です。社員の経費精算や給与明細の作成、仕入先への支払や現金の管理といった出納業務から、会計ソフトへの入力や決算・申告のための税理士とのやりとりといった会計業務まで、幅広く対応している場合が多いでしょう。一方、大きな会社では組織として経理の専門部署があり、複数人で業務を分担したり、業務ごとに担当者がいたりすることが一般的です。

　2つ目は、**業務を兼務していること**です。経理業務は直接売上を生み出す業務ではないため、営業部門などに比べるとコストをかけることができません。そのため、小さな会社の経理担当の人は経理以外にも総務や人事などの管理業務全般を行うことが一般的です。

　このように小さな会社の経理業務は、幅広い内容をほかの業務と兼務しながらこなしていく必要があるため、経理業務として最低限必要なことを効率的に行っていくことが求められます。

会社の規模による経理の違い

☑ 大きな会社の経理部

出納業務
を担当

経理部

会計業務
を担当

経理部

▶ **経理業務だけを行う専門の部署があり、業務ごとに担当者がいる**

☑ 小さな会社の経理部

経理業務全般、
人事、総務などの
業務も行います

経理部

▶ **ひとりの社員が経理の業務全般と、総務や人事などの業務を兼務する**

基本 | 03

経理の仕事を行うのに簿記の資格は必要？

簿記検定のテキストは必要

　経理業務を行うにあたって、**簿記の資格は必要ありません**。簿記の資格検定試験で学ぶことは、複式簿記や簿記一巡のしくみ、決算書の作成といった会計業務のみですが、こうした業務は会計ソフトが自動で行ってくれるためです。ただし、複式簿記のしくみがわかっていないと会計ソフトへ数字を入力することができません。そのため、簿記検定3級のテキストを購入して自分で勉強したり、職場に持参して業務の合間に確認するといった姿勢は必要でしょう。

　また、出納業務は実際に会社のお金を取り扱う仕事ですので、**簿記の知識よりもお金を正確に扱うことができる慎重さが重要**です。取引先へ金額を1桁間違えて振り込んでしまったり、小切手や手形を紛失してしまったり、ということがあっては困りますので、1円単位まで**正確に事務処理ができる能力**が求められます。

　ほかにも、**パソコンの入力スキルが必要**でしょう。現代の経理業務にはパソコンが必須ですから、エクセルの関数やピボットテーブルなどの知識もあったほうが、経理業務がスムーズに進みます。

経理担当者がもっているとよいもの

経理業務を行うにあたって簿記の資格は必要ない。ただし、もっていると
業務に役立つものがいくつかある

もっているとよいもの

☑「簿記検定3級のテキスト」
資格を取る必要はないが、簿記の基礎的な知識が
あると、業務で役に立つ。また、わからないことが
あれば調べることができる

☑「エクセルの知識」
パソコンを使って業務を行うため、エクセルの関
数やピポットテーブルが使えると業務がスムーズ
に進む

☑「正確な事務処理能力」
大きなお金を扱うため、1円単位まで正確に事務
処理できることが求められる

☑「法令順守の意識」
現金を扱う業務であるため、コンプライアンスが
求められる

基本 | 04

経理の仕事の基本①
会計業務

お金の動きを記録する

　経理の重要な仕事のひとつとして、会社のお金の動きを記録する会計業務があります。

　会社はお金を集めてそれを増やしていくために存在しています。たとえば、商品販売をする株式会社の場合、株主からお金を集め（資本金）、それを元手に商品を購入し（仕入）、購入した金額よりも高い値段で販売する（売上）ことで、お金を増やしていくわけです。こうしたお金の動きを記録するには、お金がどのように動いたのかを調べる必要があります。お金の動きを調べるために、預金通帳や現金出納帳、領収書など、さまざまな書類を集めて、それらを参考に会計帳簿へ記録していきます。このとき、**書類間の関連性を理解しておくことが重要です。**

　たとえば、預金通帳に、8月31日付けで取引先から100万円の入金記録があったとします。この入金が7月31日に自社が発行した請求書に対する入金であることがわかっていないと、通帳と請求書控えの両方から売上高を二重に記録するミスに発展してしまいます。このようなミスを起こさないために、自社のビジネスの流れを把握することが重要です。

会計業務は自社のビジネスを把握して行う

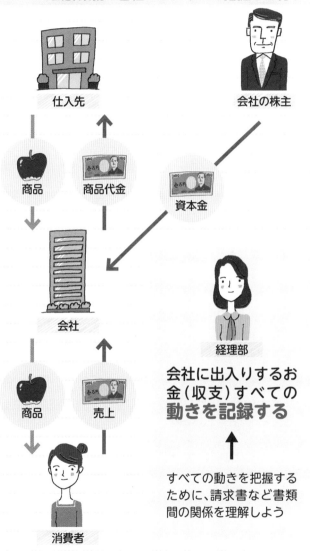

仕入先

会社の株主

商品

商品代金

資本金

会社

経理部

商品

売上

消費者

会社に出入りするお金（収支）すべての動きを記録する

すべての動きを把握するために、請求書など書類間の関係を理解しよう

基本 | 05

経理の仕事の基本②
出納業務

お金の受け取りや支払いをする

　経理の仕事は、18ページで説明した会計業務のほかに、お金を受け取ったり支払ったりする出納業務があります。

　現金商売の会社では毎日お客様から現金を受け取るため、**残高と帳簿の数字を合わせて金庫でしっかり保管する必要があります**。売上代金を小切手や手形で回収した場合は、それらを紛失しないよう金庫で管理し、銀行への持ち込みを忘れないようにしなければなりません。手形は支払期日がすぎてしまうと、取立されずただの紙切れになってしまいます。手形の取立代金を給与の支払いに充てようとしていた場合、経理部員のミスで給与の遅配が起きてしまうこともあります。

　会社はさまざまな支払いを行いますが、振込先を間違えた、振込金額を間違えた、小切手や手形へ印字する金額が1桁違ったまま相手に渡してしまったなど、**支払いに関するミスは会社の信用問題に直結し、場合によっては倒産につながりかねません**。

　また、普段の生活では扱わないような大金が目の前を流れていく仕事ですので、モラルや法令遵守の精神も必要な資質といえるでしょう。

出納業務とは

売上として受け取った現金は残高を帳簿の数字と合わせて金庫で保管する

小切手や手形は期日を守って銀行へ持ち込み、現金化する

\ 経理部が保管するもの /

 現金

 通帳

 小切手

 手形

取引先から仕入れた商品代金などは請求書の金額通りに振り込む

給料日には社員への給料を振り込む

基本 | 06

経理の仕事の基本③
書類の管理

年度別、月別、種類別で書類を整理する

　会計業務と出納業務は、どちらも多くの書類を扱います。最近は、書類をデータで管理するペーパーレス化が進んでいますが、小さな会社においてはまだ紙でのやりとりが中心のところが多いでしょう。また、会計帳簿や会計処理のもととなる書類（請求書や領収書など）は**原則として紙で7年間（欠損金がある場合は10年間）保管する必要**があります。

　よく、書類の保管方法として「領収書やレシートは重ならないように台紙に糊づけする」といわれます。見やすく、後からの確認が簡単になりますが、厳密に行わなくてもよいでしょう。小さな会社の場合、ほかの業務も兼務しつつ、ひとりで経理業務も担当していることが多いでしょうし、必要でないことに時間をかける必要はありません。

　書類の保管については、大まかな書類の種類別、月別、事業年度別に保管しておきましょう。A4の書類は2穴パンチで穴を開けてファイリングすればよいですし、レシートや納付書控えなど大きさが異なるものは、月別に分けてポケットファイルにいれて保存しておけば十分です。

書類の保管期間

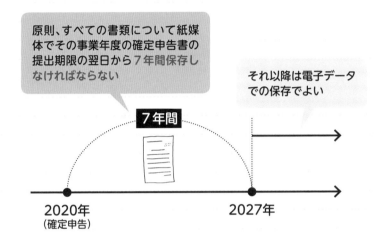

原則、すべての書類について紙媒体でその事業年度の確定申告書の提出期限の翌日から7年間保存しなければならない

それ以降は電子データでの保存でよい

7年間

2020年
（確定申告）

2027年

書類の保管の分類

A4の書類は2穴パンチで穴を開けてファイリングしよう！

●大まかな書類の種類別
領収書や納品書など、大まかでよいので分けよう

●月別
1カ月ごとに保管する

●事業年度別
1カ月でまとめた1年分の書類は1年間でまとめる

基本 | 07

会社の成長には
経理部が必要不可欠

お金は管理してこそ増やせるもの

　経理業務をきちんと行わないと、会社は成長することができません。

「会社が成長する」とは、会社のお金が増えてビジネスの規模が拡大するということです。そのためには、会社のお金の動きを漏れなく帳簿に記録し、そこに表れる客観的な数値に基づいて経営判断を行う必要があります。経営判断を適切に行うためには、社長の直感だけでなく、**経理が記録した客観的な情報に基づく検討が必要**です。会社を成長させて利益を出すことを常に求められている上場企業の多くにＣＦＯ（Chief Financial Officer）という経理部門を統括する役職が設けられているのは、それだけ経理業務が重要だからです。

　また、会社は会計帳簿に基づいて毎年確定申告をすることが税法で義務づけられています。経理を疎かにしてしまうと正確な会計帳簿が作成されず、**不正確な記録によってむだな税金を払ってしまったり、反対に申告額が事実よりも過小になっていれば税務署からペナルティを受けたり**することもあります。こうした意味からも経理の仕事は必要となるのです。

経理の仕事は会社の成長につながる

☑ 経営判断を行う場合

社員の人数を
増やしたい……

社長　　　　　帳簿

経理が記録した帳簿をもとに増やせる給与額
などを計算し、社員を何人増やせるか、などの
経営判断ができる

☑ 公的な手続きを行う場合

経理が作成した資料をもとに、会社は
税金の支払いや確定申告をしている

帳簿など

疎かにしてしまうと……

・むだな税金の支払い
・過小な税金の申告によるペナルティ
　などのリスクがある

基本 | 08

顧問税理士を活用して業務を任せる

小さな会社こそ税理士が必要

　上場している会社では経理部門の人材が豊富で、通常の経理業務はもちろんのこと、法人税や消費税の確定申告書まで自社で作成しているところもあります。

　一方、小さな会社の経理はひとりで業務を行っていることが多く、すべての業務を自社で完結することは困難です。そのため、税理士と顧問契約をして、税理士が提供するサービスを最大限に活用すべきでしょう。

　税理士の主なサービスは、年1回の決算書と確定申告書の作成代行です。しかし、税理士と顧問契約する最大のメリットは、経理業務に関していつでも専門家に質問や相談ができるという点です。「会計処理をするうえで不明点がある」「税務署から届いた書類の取り扱いがわからない」などの疑問は、自分で調べるよりも税理士に聞いたほうが早く解決する場合が多いでしょう。

　税理士選びで重要なのは「相性」です。税理士を選ぶ際には実際に会ってみて、その税理士が提供しているサービスに関してさまざまな質問をしてみるとよいでしょう。そのやりとりを通して、税理士の人となりもわかると思います。

税理士と契約するメリット

メリット1
書類作成などの業務の負担が減る

経理が少人数である場合、書類作成の代行を税理士に頼むことで業務の負担を軽減できる

メリット2
いつでも専門家へ相談できる

普段の業務のなかで分からないことや、知りたいことがあるときに、いつでも税理士に質問ができる

書類作成の依頼、相談

経理　　　　　　　　　　　　税理士

税理士の選び方

経理　　税理士

税理士を選ぶ際に大切なことは相性なので、実際に会って話したり、メールでやりとりしたりしてから決める

基本 | 09

日々の経理の仕事は
どんなことをしているの?

お金の動きを管理して帳簿に記録する

　会社の目的とは、お金を使いながら（仕入、人件費など）お金を増やしていく（売上を獲得する）ことなので、会社のお金は毎日増減します。こうしたお金の増減を日々漏れなく管理することが、経理が行っている業務の中心です。具体的には、**銀行に行って振込をしたり、手形や小切手を発行して仕入先へ郵送したりする出納業務を行った後、実際のお金の動きを会計帳簿へ記録する会計業務を行っています。**

　これらに加えて、月に1回の仕事として「給与を計算して振り込む」「請求書を発行する」「試算表を作成する」「社会保険料・源泉所得税・社員から特別徴収した住民税の納付」などの業務があります。

　年1回程度の仕事としては「決算書を作成する」「法人税等や消費税等の確定申告と納税」「年末調整」「償却資産税申告」「法定調書提出」「社会保険の算定基礎届提出」「労働保険の年度更新」などの業務があります。

　臨時的な仕事としては、「税務調査対応」「賞与を計算し振り込む」「退職金を計算して振り込む」などの業務があります。

経理の仕事内容

毎日の業務

・振り込みをする
・手形や小切手を発行して仕入先へ郵送する
・社員の立替経費を精算する
・領収書を発行して受け取ったお金を金庫へしまう
・出納業務を行った後、実際のお金の動きを会計帳簿へ記録する

など

月1回の仕事

・給与を計算して振り込む
・社会保険料、源泉所得税、社員から特別徴収した住民税の納付
・請求書を発行する
・試算表を作成する

など

年1回程度の仕事

・決算書を作成する
・年末調整
・償却資産税申告
・法定調書提出
・法人税等や消費税等の確定申告と納税
・社会保険の算定基礎届提出
・労働保険の年度更新

など

基本│10

そろえておきたい 経理に必要な道具

小さな会社では使わないものもある

　小さな会社の経理に必要なものを把握しましょう。

❶伝票：以前は伝票に手書きし、それを会計ソフトに入力していましたが、小さな会社で経理担当がひとりの場合は、直接会計ソフトに入力したほうが効率的なので、必要ありません。

❷仕訳帳：仕訳（40ページ参照）が記録されている帳簿です。会計ソフトに仕訳を入力することで自動的に作成されます。決算書は、仕訳帳の記録を合計して作成されます。

❸印鑑：「代表者印（実印）」「銀行印」「角印」「ゴム印・組み合わせ印」が会社印鑑の4点セットです。「代表者印（実印）」「銀行印」は契約や支払いに、「角印」は請求書などに、「ゴム印・組み合わせ印」は社名などを手書きする代わりに押します。

❹電卓：メーカーによってキーの配置が違うので、お気に入りを見つけてみましょう。

❺領収書・請求書：市販でもパソコンで作成したものでも効力に違いはありません。5万円以上の領収書には印紙を貼付します。

❻通帳：ネットバンキングサービスの明細を見れば業務はできますが、月に1回は通帳記帳もするようにしましょう。

経理に必要な道具

❶伝票

経理がひとりの会社の場合は、伝票を使わず会計ソフトに直接入力したほうが効率がよい

❷仕訳帳

複式簿記において重要な役目を果たす。会計ソフトに仕訳を入力することで自動的に作成できる

❸印鑑

「代表者印(実印)」「銀行印」「角印」「ゴム印・組み合わせ印」の4つがある(80ページ参照)

❹電卓

お金を扱う業務のため、電卓は必ず用意しておく

❺領収書・請求書

領収書とは、金銭授受の証明書。請求書とは、取引先に支払いを請求する書類。市販のものでもパソコンで自作したものでもよい

❻通帳

月に1回は通帳記帳をする

自分が使いやすい道具を選びましょう

経理は社内外の人たちと仕事をする

社長、社員、社外の人とのやりとりが必須

　経理は、社内外の人たちとやりとりを行わないと仕事が進まない職種です。

　社長や他部署の人たちといった社内の関係者からは、経理に必要な資料の提供をしてもらう必要があります。営業部からは売上実績を、製造部や購買部からは製造や仕入の実績を報告してもらわないと会社の利益が計算できません。

　小さな会社の場合は、これらの仕事を社長が担当している場合も多いので、社長のスケジュールを把握し、早めに依頼を行うなどの配慮も必要です。また、**不明な入金があった場合には、担当と思われる部署を推測して問い合わせをします。社員の立替経費の精算時に不明な内容があれば、本人に確認する必要があります。**

　税務署や年金事務所といった行政機関とのやりとりも定期的に発生します。メールでの問い合わせができない場合が多いので、出向いたり電話やＦＡＸでやりとりすることになります。

　会社側の窓口として、銀行や税理士とやりとりすることも多いでしょう。

社内外の人とやりとりが多い

☑ 社内でのやりとり

新しい案件
どうなりましたか？

経理　　　　　社長

▶ **信頼関係に基づく社長との密なコミュニ
ケーションが求められる**

不明な入金の
確認があります

経理　　　　他部署の人

▶ **不明な入金や経費があった場合は、部署を
推測して問い合わせたり、本人に聞く**

☑ 社外でのやりとり

行政機関や金融機関など
とやりとりを行う

経理　　　　　　　　　　　　税務署

基本 | 12

経理業務に必要な
コミュニケーション能力

円滑にやりとりするための気くばりが重要

　経理はたくさんの書類を取り扱いつつ会社のお金を管理する仕事なので、書類の保管や、実際のお金の動きと会計帳簿を1円単位まで合わせる正確性は当然必要な能力です。そのほか、経理業務において重要な能力として、**社内外の人たちと円滑にやりとりできるコミュニケーション能力**が挙げられます。

　32ページでも述べたように、経理は自らの判断だけでお金のやりとりをしているわけではなく、他部署や社長からの指示に基づきそれらの仕事をしています。お金が動けば銀行とのやりとりが発生します。確定申告の時期には税理士とのやりとりもあります。したがって、関係者が連絡してきた内容を正確に理解し、必要な対応を行うこと、経理業務を行うために何が必要かを相手が理解できるように伝えて協力してもらう、といったコミュニケーション能力が必須です。

　他部署の人たちは経理から連絡があると「何かしてしまったかもしれない、嫌だな」と思う社員が多い傾向にあります。そういった社員とうまく人間関係を築いて、経理業務に協力してもらうことも大切な仕事です。

経理に必要な能力

どんな書類を
いつまでに用意すれ
ばいいですか?

経理部

確定申告を
作成するための
書類が必要で……

税理士

▶ **相手が伝えたい内容を正確に理解する力**

この商品の
納品書がないので
ください

経理部

わかりました!

販売部

▶ **自分が伝えたいことを相手が理解できるように伝える力**

至急、確認したい
ことがあるの
ですが……

経理部

いつも
ご苦労様です。
すぐに対応
いたします

他部署

▶ **普段から人間関係を築いて業務に協力してもらえるようにする**

35

きちんと管理するための
現金の上手な数え方

ビジネスの現場では、売上代金を現金で受け取る業種は現在でも多くあります。また、会社で必要な備品などを購入するために経理で小口現金を管理している場合もあります。

こうした現金を管理するためにはお金を数えなくてはなりません。お札の場合は、「札勘定」といって銀行員がお札を数える方法をマスターすると効率的に数えることができます。札勘定には縦読みと横読みがあり、両方を1回ずつ行うと、より正確に数えることができます。動画サイトをみて練習するとよいでしょう。

硬貨については市販されているコインカウンターを使うと数えやすいでしょう。ネットでは1000円以下で買うこともできます。

1日の終わりに現金残高を数え、帳簿残高との一致を確認したら、現金そのものは金庫に保管しましょう。小口現金程度の残高であれば、手提げ金庫に入れて鍵のかかる机の中などで保管する形でもよいでしょう。

■現金の数え方

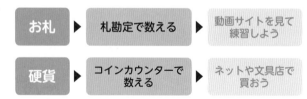

2章

概要 日々の仕事 動くお金をチェック

簿記のルールや仕訳の方法、現金の管理方法、小さな会社の経理が日々行っている業務を、図解と合わせて解説していきます。

概要 | 01

経理といえば簿記!
簿記でお金を管理する

仕訳を行うことでお金の動きを記録する

簿記とは、会計業務で使用する技術のことです。特に会社の会計業務の場合は、「複式簿記」というルールにしたがって記録をしていきます。では、複式簿記とはどのようなルールかというと、**1つの取引(お金の動き)に対して、「お金が増減した事実」と「お金が増減した理由」という2つの側面から記録するルールのことをいいます。**

たとえば、会社で1個100円で販売している商品が10個売れて、現金1000円を顧客から受け取った、と仮定します。このとき、複式簿記のルールで記録すると「お金が1000円増えた事実」と「増えた理由は商品を販売したから」という2つの事象を会計帳簿に記録します。

ここでの記録とは具体的には「**仕訳**」をすることを指します。仕訳とは、「勘定科目(44ページ参照)」と金額を左右に分けて記載することで、2つの側面を同時に記録する行為です。このとき、左側を借方、右側を貸方といいます(42ページ参照)。上記の例では、現金が増えた事実を左側に「現金 1000円」、商品を販売した事実を右側に「売上高 1000円」と仕訳をします。

複式簿記のルール

複式簿記とは、会社の会計業務におけるルール。1つの取引に対して、2つの側面から記録する

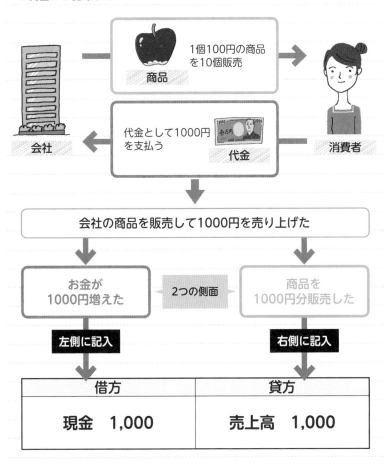

借方	貸方
現金　1,000	売上高　1,000

概要 | 02

3つの要素から構成される仕訳とは何か

仕訳は勘定科目、金額、摘要で構成される

　38ページでも解説したように、会計業務では複式簿記のルールに従って、お金の増減を「増減事実」と「増減理由」の2つの側面から記録します。複式簿記による記録は、実際には仕訳というもので行い、実務上「仕訳をきる」などと表現します。1つの取引（お金の動き）に関して、帳簿の1行の左側と右側に同時に記録するのが仕訳です。

　仕訳は「勘定科目」「金額」「摘要」の3つの要素から構成されています。

　つまり、左側と右側それぞれに勘定科目と金額を記録し、摘要欄に取引内容を記入することで仕訳が完成します。

　勘定科目とは、お金の現在の状態や増減理由を表現するもので、実務上の慣習からある程度のパターンが決まっています。

　金額とは、取引金額のことです。

　摘要とは、取引の内容を補足説明するもので、勘定科目だけではわからない取引の具体的内容や取引先名を記載します。

取引を仕訳の例

例 取引先のB社へ1個150円の商品を60個販売し、代金9000円が振り込まれた場合

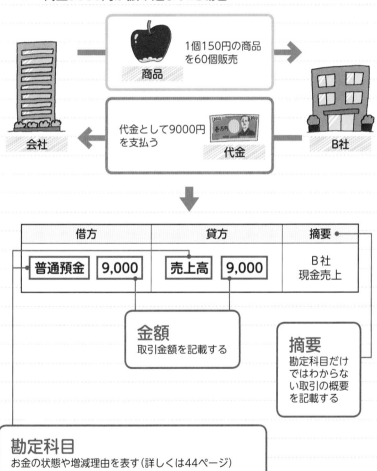

1個150円の商品を60個販売

商品

代金として9000円を支払う

代金

会社

B社

借方		貸方		摘要
普通預金	**9,000**	**売上高**	**9,000**	B社 現金売上

金額
取引金額を記載する

摘要
勘定科目だけではわからない取引の概要を記載する

勘定科目
お金の状態や増減理由を表す（詳しくは44ページ）

41

仕訳はすべての会計業務につながっている

　会計用語では、仕訳の左側を「借方」、右側を「貸方」といいます。現在の複式簿記の実務と「借」や「貸」といった漢字の意味に関連はありませんので、機械的に左側が借方で右側が貸方と覚えてしまいましょう。

　経理における会計業務は仕訳をきることから始まります。会社のお金が増減したとき、まずはその事実を仕訳によって記録します。仕訳は仕訳帳という帳簿に記録するとともに、勘定科目ごとに集計される「総勘定元帳」という帳簿にも記録します。ここまでが日々の業務です。1年間の締めくくりには、会社の業績をまとめた決算書を作成しますが、これは各勘定科目の総勘定元帳の残高を転記することで作成されます（122ページ参照）。そのため、**仕訳はすべての会計業務につながっているのです。**

　現在はパソコンから会計ソフトに仕訳を入力すると、その後の作業はすべて自動で行われるため、簿記の経験と知識があまりなくても、基本的な仕訳のやり方を覚えさえすれば、日常の会計業務は誰でもできるようになりました。

　会社によっては、紙の伝票用紙に手書きしたものをあらためて会計ソフトへ打ち込むという作業をする場合もあります。しかし、少人数で経理を行う小さな会社の場合は、余計に時間がかかってしまいますので、伝票用紙への手書きは不要です。通帳や領収書などの書類から、会計ソフトへ直接仕訳を入力し、事業年度ごとにまとめて保管しておきましょう。

借方と貸方

左側	右側
借方	貸方

「左側が借方」、「右側が貸方」と覚えよう

仕訳は会計業務の最小単位

取引が発生する
売上、仕入、給与支払など

仕訳する
取引を仕訳帳に記録する

勘定科目ごとに集計する
仕訳帳への記録とともに、総勘定元帳へ勘定科目ごとに記録し、集計する

決算書を作成する
総勘定元帳の残高を転記することで作成する

仕訳はすべての会計業務につながっている

概要 | 03

仕訳で活躍する 勘定科目とは何か

お金の現在の状態と増減理由を表している

　会社の経営は、お金を集めて元手とし、それを使いつつ最終的には元手よりも増やしていくことを目的としています。「元手はいくらなのか」「集めたお金の現状はどうなっているのか」「将来払わなければならない金額はいくらなのか」「どうしてお金が増減したのか」というようなことを記録することで、元手よりもお金は増えたのか減ったのかを把握するのです。

　このような**「お金の現在の状態」**や**「お金の増減理由」**を表しているものが勘定科目です。

　勘定科目は実務上の慣習である程度決まっていますが、既存の科目に適当なものがなければ、会社独自で自由に設定しても問題ありません。ただ、小さな会社の場合は、取引内容がシンプルでわかりやすいものが多いため、通常は会計ソフトにあらかじめ登録されている既存の勘定科目から選択して処理を行います。市販の会計ソフトは多様な業種に対応するために多くの勘定科目が登録されているので、ほとんどの取引に対応できるでしょう。勘定科目をあてはめる際、同じような取引については、会社の過去の取引を参考にすることも有効です。

勘定科目の例

勘定科目とは、お金の現在の状態と増減理由を表すもの。元手からどのようにしてお金が増減したかを把握することができる

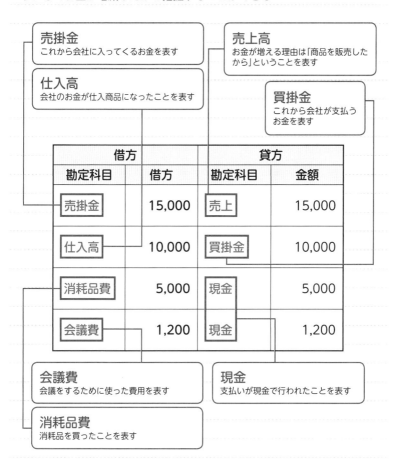

45

簿記で大切な 5つの要素

もうけを計算する収益と費用

　簿記の目的は大きく分けて2つあります。1つは一定期間のもうけを計算すること、もう1つはある時点のお金の現状を把握することです。**簿記にはもうけを計算する「収益」と「費用」、お金の現状を把握する「資産」「負債」「純資産」のグループがあり、勘定科目はこれら5つのいずれかに属しています。**

　会社のもうけを知るには、収益から費用を差し引きます。

　収益とは、お金の増加理由のうち将来返済しなくてよいお金が増えた場合に記録するもので、仕訳では貸方に記録します。収益の代表的な勘定科目は「売上高」です。売上高は、会社の商品やサービスが売れてお金が増えたというように、商売をしてお金が増えたことを記録するときに使います。

　費用とは、お金の減少理由のうち将来返済されない出費を記録するもので、仕訳では借方に記録します。具体的な勘定科目としては、商品を仕入れたときの「仕入高」、人件費を払ったときの「役員報酬」や「給料手当」、電車賃やガソリン代などを記録する「旅費交通費」、得意先を接待したときの「交際費」などがあります。いずれも商売をしてもうけを得るための経費です。

会社のもうけを知る要素

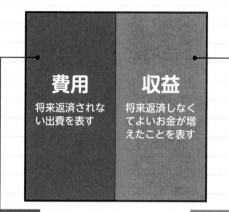

費用
将来返済されない出費を表す

収益
将来返済しなくてよいお金が増えたことを表す

主な勘定科目
・仕入高
・役員報酬
・給料手当
・旅行交通費
・交際費
など

主な勘定科目
・売上高
・雑収入
など

収益 − **費用** = **もうけ（利益）**

会社のもうけがわかる！

47

お金の現状を把握する資産、負債、純資産

　期末などある時点における会社のお金の現状を把握するためには、資産、負債、純資産が必要です。

　資産とは、いま会社に存在しているお金を表しています。仕訳ではお金が増えた場合は借方、減った場合は貸方に記録します。会社のお金を金庫で保管していれば「現金」、銀行に預けていれば「普通預金」となります。また現金で車を購入した場合は、お金が車という資産に変わりますので、「車両運搬具」という資産科目を借方に記録し、減ったお金は「現金」として貸方に記録しておきます。将来お金がもらえる予定の売上代金は「売掛金」として借方に記録します。その代金を回収した際には、「売掛金」を貸方に記録するとともに、回収して増えたお金を「現金」や「普通預金」として借方に記録します。

　負債とは、これから払わなければならないお金を表しています。仕訳では貸方に記録し、その後、実際に払ったときには借方に記録します。たとえば、銀行から借入をした場合、会社のお金自体は増えますが、将来返済しなければならないお金です。したがって借方に「普通預金」という資産科目を記録するとともに、貸方に「長期借入金」と記録します。

　純資産とは、資産（現在もっているお金）から負債（これから払わなければならないお金）を差し引いた差額のことで、正味のお金の現状を表しています。主な内容は元手を表す「資本金」と、過去からのもうけの蓄積を表す「繰越利益剰余金」などです。仕訳では通常は貸方に記録します。

お金の現状を把握する要素

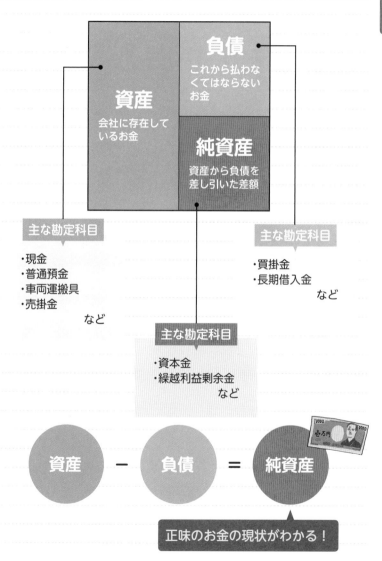

資産
会社に存在しているお金

負債
これから払わなくてはならないお金

純資産
資産から負債を差し引いた差額

主な勘定科目

・現金
・普通預金
・車両運搬具
・売掛金
　　　など

主な勘定科目

・資本金
・繰越利益剰余金
　　　など

主な勘定科目

・買掛金
・長期借入金
　　　など

資産 － **負債** ＝ **純資産**

正味のお金の現状がわかる！

概要 | 05

勘定科目には
どんなものがあるの?

収益と費用に属する勘定科目

　勘定科目は、さまざまな種類があります。ここでは主な勘定科目をグループごとに紹介します。

●収益グループ

売上高：会社の商品やサービスを販売した際に使用します。

雑収入：会社の本業以外でお金が増えた場合に使用します。

●費用グループ

仕入高：販売用の商品を仕入れた際に使用します。

役員報酬：社長など役員に給料を支払った際に使用します。

給料手当：従業員に給料を支払った際に使用します。

法定福利費：会社負担の社会保険料などを支払った際に使用します。

交際費：接待をしたりお歳暮を送ったりした場合などに使用します。

消耗品費：10万円未満の備品を購入した際に使用します。

通信費：電話代、切手代などを支払った際に使用します。

　ほかにも、支払手数料、地代家賃、賃借料、旅費交通費、減価償却費、水道光熱費、租税公課などがあります。

収益と費用の勘定科目

☑ 主な収益グループの勘定科目と仕訳

借方	貸方
現金　150,000	売上高　150,000

会社の商品やサービスを販売するなど、本業で得たお金

借方	貸方
現金　20,000	雑収入　20,000

保険金など、本業以外で得たお金

☑ 主な費用グループの勘定科目と仕訳

借方	貸方
仕入高　80,000	現金　80,000

会社で販売する商品の仕入費用

借方	貸方
水道光熱費　6,500	現金　6,500

事務所や店舗の電気、ガス、水道代

資産、負債、純資産に属する勘定科目

●資産グループ

現金：レジや金庫などで保管している現金がある場合に使用します。

普通預金：銀行口座の入出金を記録します。

売掛金：売上代金を後日受け取る場合に使用します。

未収入金：売上代金以外で後日受け取るお金がある場合に使用します。

車両運搬具：自社で車を持っている場合に使用します。

工具器具備品：机、椅子、パソコンなどを購入した際に使用します。

出資金：信用金庫へ出資した場合などに使用します。

差入保証金：店舗や事務所を借りる際に差し入れた保証金がある場合などに使用します。

●負債グループ

買掛金：仕入をして代金は後で支払う場合に使用します。

未払金：仕入以外で代金を後から支払う場合に使用します。

役員借入金（短期借入金）：社長が会社の経費を立て替えた場合や、個人資金を会社へ貸し付けた場合に使用します。

長期借入金：金融機関から借入をした場合に使用します。

●純資産グループ

資本金：会社の元手です。登記されている金額と一致します。

繰越利益剰余金：過年度からのもうけの累計を表しています。

資産、負債、純資産の勘定科目

☑ 主な資産グループの勘定科目と仕訳

借方	貸方
現金　230,000	売上高　230,000

> レジや金庫で保管している現金

借方	貸方
普通預金　450,000	売上高　450,000

> 銀行口座の入出金

☑ 主な負債グループの勘定科目と仕訳

借方	貸方
仕入高　200,000	買掛金　200,000

> これから支払わなければならない仕入代金

☑ 主な純資産グループの勘定科目と仕訳

借方	貸方
普通預金　10,000,000	資本金　10,000,000

> 会社の元手。登記されている金額と一致する

商品が売れたとき
売上はどう仕訳する？

現金売上は毎日仕訳をきる

　会社の商品やサービスが売れた場合、その代金を現金ですぐに回収するか、売った後日に代金を回収するかによって、経理処理の方法が異なります。ここでは、商品販売の都度、現金で代金を回収している場合の仕訳について説明していきます。

　たとえば、1500円の商品を販売し、代金を現金で回収した場合は、**現金が増えた事実と、商品が売れたという2つの事実があります。**したがって、借方には資産科目である「現金　1500円」、貸方には収益科目である「売上高　1500円」と記録します。このように、顧客から現金で代金回収する場合は売上の仕訳を毎日行います。

　なぜ売上の仕訳を毎日行うかというと、現金の実際有高と会計帳簿上の残高を日々一致させる必要があるからです。

　たとえば、レジがある場合は閉店後に1日の集計データを出力し、それをもとに仕訳をきります。会計ソフトへの入力を後日まとめて行う場合でも、日別の売上と現金残高の一致は毎日確認し、日計表などで管理するとよいでしょう。

現金売上の仕訳

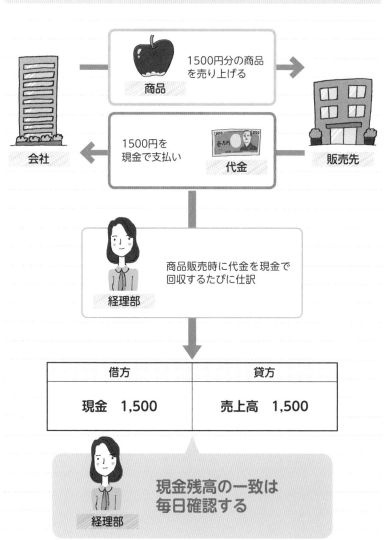

商品 → 1500円分の商品を売り上げる

会社 ← 1500円を現金で支払い ← 代金 ← 販売先

経理部：商品販売時に代金を現金で回収するたびに仕訳

借方	貸方
現金　1,500	売上高　1,500

経理部：現金残高の一致は毎日確認する

概要│07

会社の現金でものを 購入したらどう仕訳する?

現金払いのたびに仕訳をきる

　販売するための商品や原材料を仕入たり、会社で使用する備品などを購入し、代金をその場で現金払いした場合は、購入のたびに仕訳をきります。これは、現金の実際残高と会計帳簿上の残高を日々一致させる必要があるからです。

　会社の現金でものを購入した場合の仕訳は、借方に「お金が減った理由」を記録するともに、貸方に「お金が減った事実」を記録します。事務用品1500円分を現金で購入した場合、借方に費用科目である「消耗品費　1500円」と記録し、貸方に資産科目である「小口現金　1500円」と記録します。購入するときに支払った現金は、「小口現金」という勘定科目を使い、売上代金として回収した現金とは別の勘定で管理します。また、現金の管理方法も売上代金として回収した現金とは保管場所を分けて保管します。つまり、売上代金として回収した現金から仕入や備品購入の代金を直接支払うのではなく、売上代金をいったん銀行に預け入れ、その後必要な額だけ引き出して小口現金で管理するのです。こうすることで日々の現金残高と会計帳簿上の「現金」「小口現金」の残高を合わせることが容易になります。

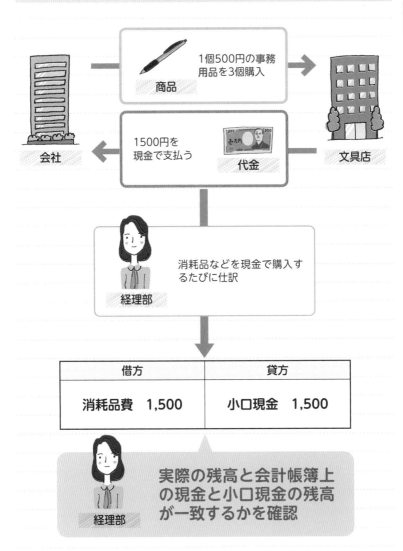

現金支払いの仕訳

| 商品 | 1個500円の事務用品を3個購入 |

会社 ← 1500円を現金で支払う ← 代金 ← 文具店

経理部 — 消耗品などを現金で購入するたびに仕訳

借方	貸方
消耗品費　1,500	小口現金　1,500

経理部 — 実際の残高と会計帳簿上の現金と小口現金の残高が一致するかを確認

概要 | 08

現金残高を正しく管理する方法

現金払いするたびに仕訳をきる

56ページでも解説したように、販売するための商品や原材料を仕入れたり、ボールペンなど会社で使用する備品などを購入し、代金をその場で現金払いした場合は、購入するたびに仕訳をきります。会社で購入する商品やサービスの代金を現金で支払った場合、現金の実際有高と会計帳簿上の残高を日々一致させるため、購入するたびに仕訳を行います。

このとき注意すべきことは、売上代金として回収した現金とは別の勘定で管理するということです。具体的には「**小口現金**」という勘定科目を使い、実際の現金も売上代金として回収した現金とは分けて保管や管理をします。**売上代金として回収した現金から仕入代金などを直接支払うのではなく、売上代金はいったん銀行に預け入れ、その後必要な額だけ引き出して小口現金で管理するのです。**

こうすることで日々の現金残高と会計帳簿上の現金と小口現金の残高を合わせやすくなります。

現金の正しい管理方法

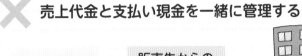
✕ 売上代金と支払い現金を一緒に管理する

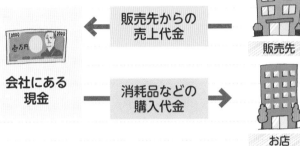

販売先からの
売上代金

販売先

会社にある
現金

消耗品などの
購入代金

お店

○ 売上代金と小口現金として分けて管理する

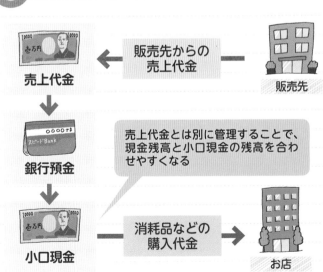

売上代金

販売先からの
売上代金

販売先

銀行預金

売上代金とは別に管理することで、
現金残高と小口現金の残高を合わ
せやすくなる

小口現金

消耗品などの
購入代金

お店

手書きの伝票記入は必要なの？

小さな会社の経理に手書き伝票は不要

　42ページでも述べた通り、そろばんや電卓を使って会計業務をしていた時代は、仕訳を手書きで伝票に記載し、それらを集めて仕訳帳や総勘定元帳といった会計帳簿へ手書きで転記していました。パソコンで会計帳簿を作成するようになってからも、会計ソフトやパソコンが高価だったため会社に経理用のパソコンが1台しかなかった時代は、同じように手書きの伝票を作成し、それを集めて会計ソフトに入力するという時代が続きました。

　しかし、現在は経理においてパソコンは1人1台の時代となり、会計ソフトの値段も下がったために、小さな会社でも簡単に導入できるようになりました。市販されている会計ソフトであれば、振替伝票の入力画面があり、仕訳帳へ直接入力することもできます。複数の人間が伝票を承認する必要がある大きな規模の会社を除いて、手書き伝票は作成しなくてもよくなりました。

　小さな会社の経理では、**手書き伝票は使わず、仕訳を会計ソフトへ直接入力しましょう**。入力の根拠となる請求書や領収書などと、会計ソフトが作成してくれる仕訳帳や総勘定元帳を紙面で保管しておけば税務調査で問題になることもありません。

大きな会社と小さな会社の会計業務

☑大きな会社の場合　　☑小さな会社の場合

取引が発生　　　　　　取引が発生

手書き伝票に記入する　会計ソフトに直接入力して仕訳する

複数人に手書き伝票の承認を得る　集計して決算書などを作成する

小さな会社の場合、手書き伝票は時間がかかるため省略する

仕訳を会計ソフトへ転記する

集計して決算書などを作成する

効率よく手間を省こう！

経理部

現金主義と発生主義は何が違うの？

発生主義は2回仕訳を行う

会社のお金が増減した時点で仕訳をすることを「現金主義」といい、お金を貰う約束や支払う約束をした時点で仕訳をすることを「発生主義」といいます。

身近な例として、クレジットカードで買い物をした場合を考えてみましょう。少額の備品をクレジットカードで購入し、決済は翌月末に口座から引き落としされると仮定します。この取引を**現金主義で仕訳する場合は、翌月末に口座から代金が引き落とされた日付で、「借方：消耗品費、貸方：普通預金」と仕訳します。**

一方、**発生主義で仕訳する場合は、クレジットカードで購入した日付で「借方：消耗品費、貸方：未払金」と仕訳します。**その後、**翌月末に口座から代金が引き落としされた日付で、「借方：未払金、貸方：普通預金」と仕訳します。**

お金を払うのが翌月末だとしても備品自体は買った日から使い始めているので、購入日に消耗品費を計上する発生主義のほうが実態に合った経理方法です。なお、税務署や銀行へ提出する決算書は、発生主義で作成されます。

現金主義と発生主義

例 500円の消耗品をクレジットカードで
購入した場合

☑現金主義の場合

引き落とし日に仕訳

借方	貸方
消耗品費　500	普通預金　500

この時点では仕訳
は行わない

購入日　　　　　　　　　　　　　　翌月末

☑発生主義の場合

1回目の仕訳

購入日の仕訳

借方	貸方
消耗品費　500	未払金　500

2回目の仕訳

引き落とし日の仕訳

借方	貸方
未払金　500	普通預金　500

購入日　　　　　　　　　　　　　　翌月末

取引が発生した時点と、決済した時点で仕訳を行う

税務署や銀行へ
提出する決算書は
発生主義で作成されます

ツケでものを売買する 掛取引の仕訳

企業間取引では掛取引が一般的

普段買い物をする際、その場で現金払いすることが多いでしょう。しかし、企業間の場合は取引の回数が多く、金額も高額になりやすいため、取引のその場で現金をやりとりすると煩雑になってしまいます。そこで、**企業間で取引をする場合は、商品は先に渡しておき、代金は一定期間分をまとめて支払ってもらう「掛取引」が一般的**です。

掛取引の決済条件は企業間によってさまざまで、あらかじめ「月末締め翌月末振込」や「25日締め翌月15日小切手」などと決めておきます。経理担当者は、会社が取引先と結んでいる決済条件を把握しておきましょう。

掛取引を現金主義で仕訳する場合、実際に現金のやりとりをするまで売上高や仕入高が計上されません。この方法だと、決済条件によっては商品のやりとりをしてから数カ月後に売上や仕入が計上されてしまいます。したがって、通常は実態に合わせるために掛取引は発生主義で仕訳を行います。会社の現状を正しく把握して経営判断を行うためにも、売上や仕入の掛取引については発生主義で処理を行いましょう。

現金主義と発生主義の仕訳

例 取引先のA社へ商品500万円を販売し、
代金は翌月末に振込まれた場合

500万円を販売

商品

会社

翌月末に500万円
を振り込み

代金

A社

☑ 現金主義の仕訳

販売時	仕訳しない

現金主義の場合、決済条件
によっては商品の取引をし
た数カ月後に仕訳すること
にもなってしまう

翌月末	借方	貸方
	普通預金　5,000,000	売上高　5,000,000

☑ 発生主義の仕訳

販売時	借方	貸方
	売掛金　5,000,000	売上高　5,000,000

翌月末	借方	貸方
	普通預金　5,000,000	売掛金　5,000,000

銀行から借入した資金の仕訳

差し引かれる金額は別に仕訳する

　金融機関から借入をした場合、**借入金額から差し引かれる費用は別に処理が必要となります。**

　たとえば1000万円の借入契約をした場合、通常は、契約書に貼付した印紙代や保証料、手数料などが差し引かれた金額が振り込まれるので、全額が会社の口座へ振り込まれることはありません。借入を経理処理をする場合は、通帳と金融機関から入手した融資計算書、支払額明細書などを確認する必要があります。

　借入金の総額は貸方に「長期借入金　1000万円」と計上しますが、借方には入金額を「普通預金」、印紙代を「租税公課」、手数料は「支払手数料」、保証料は「長期前払費用」として仕訳します。返済時には、元本返済と利息支払の2つの要素があることに注意が必要です。元本返済分は「長期借入金」を借方へ仕訳し、利息支払分は「支払利息」として借方へ仕訳します。元利均等返済の場合、元本返済額と利息支払額が毎回変動するため、金融機関が発行する返済予定表を確認しないと仕訳をきることができません。返済予定表は借入時に全期間分が発行される場合もあるので、紛失しないよう注意しましょう。

借入金の仕訳

例 銀行から1000万円を借り入れた場合

借方	貸方	摘要
普通預金　9,849,800	長期借入金　10,000,000	事業用資金の借り入れ
長期前払費用　140,200		保証料
租税公課　10,000		印紙代

振込金額と、差し引かれた金額を借方に記入する

実際に借り入れた金額を貸方に記入する

保証期間で按分して費用に振り替える

返済時の処理

借方	貸方	摘要
長期借入金　100,000	普通預金　100,000	借入金返済
支払利息　12,000	普通預金　12,000	利息支払い

返済した金額と利息は借方に記入する

概要 | 13

日々預かる 消費税の処理

消費税は一時的に預かっている税金

　私たちが普段ものを買ったり、サービスを受けて代金を支払う際、代金とは別に消費税を支払います。このとき消費税を受け取った会社側では、どのように処理しているのでしょうか。

　会社は商品やサービスを販売して対価を得たとき、本体価格に加えて消費税相当額を顧客から受け取っています。この消費税相当額は顧客から預かった税金という位置づけです。原則として1年分をまとめて税務署に申告・納付します。一方で、会社も仕入を行うときや、備品や車などを購入したとき、事務所や店舗の家賃や光熱費などを支払うときに消費税相当額を上乗せして支払います。このときに**支払った消費税相当額を、顧客から預かった消費税相当額から差し引いて申告・納付します**。会社が支払った消費税相当額は、支払った先の会社が申告・納付するからです。

　このように、会社は預かった消費税から支払った消費税を差し引いて申告・納付します。したがって日々仕訳をきる際、消費税を預かったのか、支払ったのか、どちらでもないのかということを併せて記録します。会計ソフトを使う場合は、消費税コードを設定することで記録を行います。

消費税の申告と納税

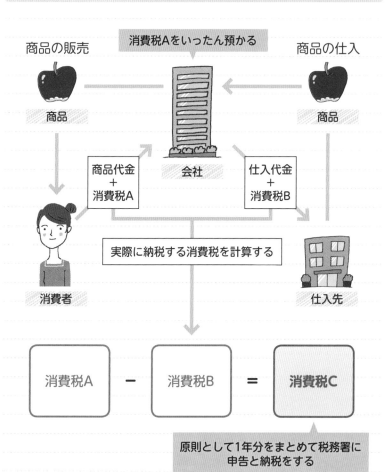

商品の販売　　消費税Aをいったん預かる　　商品の仕入

商品　　　　　　　　　　　　　　　　　　　　商品

商品代金
＋
消費税A　　　会社　　　仕入代金
＋
消費税B

実際に納税する消費税を計算する

消費者　　　　　　　　　　　　　　　　　仕入先

消費税A　−　消費税B　＝　**消費税C**

原則として1年分をまとめて税務署に
申告と納税をする

軽減税率は消費税コードで区別

　2019年10月１日から消費税率は10％に引き上げられましたが、飲食料品と週２回以上発行される定期購読契約の新聞については軽減税率が適用され、８％となっています。**会社の売上高のなかに飲食料品や定期購読契約の新聞の対価がある場合、該当するものについては「８％軽減税率課税売上」の消費税コードをつけて経理処理する必要があります。**それ以外の売上高には「10％課税売上」の消費税コードをつけます。

　一方、コンビニで来客者用のお茶と会社で使う電池を買った場合、お茶は飲食料品なので「８％軽減税率課税仕入」、電池は「10％課税仕入」のコードをつけて仕訳します。コンビニから発行されるレシートは１枚ですが、税率が異なるため会計ソフトには２行に分けて入力しなければなりません。

　なお、前々事業年度の課税売上高が5000万円以下の会社の場合、税務署に届出を行うことで、より簡便な方法で申告書を作成することができます（簡易課税制度）。

　簡易課税の場合、預かった消費税だけ記録し、支払った消費税は概算で計算します。ただし、届出は適用を受けようとする課税期間の初日の前日までに行わなければならず、さらに簡易課税は２年間は適用が強制されます。その間に高額な投資をする場合などは、簡易課税を選択しないほうが有利になることもあります。こうした消費税に関する手続きは事前に顧問税理士に相談したほうがよいでしょう。

税率が異なる消費税の仕訳

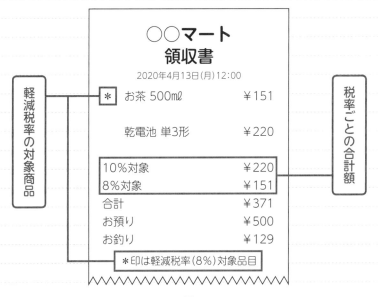

○○マート
領収書

2020年4月13日(月)12:00

*	お茶 500㎖	¥151
	乾電池 単3形	¥220

10%対象	¥220
8%対象	¥151
合計	¥371
お預り	¥500
お釣り	¥129

*印は軽減税率(8%)対象品目

軽減税率の対象商品

税率ごとの合計額

借方	貸方	摘要
※会議費　151	現金　151	お客さん用の お茶代
＊事務用品費　220	現金　220	乾電池

※8%軽減税率課税仕入
＊10%課税仕入

税率が異なるものは税率ごとに
消費税コードをつけて仕訳する

会社経営で不可欠な銀行口座の管理

社長と経理部で口座を管理する

　日本で商売をする場合の決済手段として、振込、小切手、手形などがありますが、いずれも銀行口座が必要です。また、借入をする場合も、資金の受け取りと返済のために銀行口座が必要となります。会社を経営するうえでは銀行口座は不可欠なのです。

　銀行口座から現金を引き出す場合や、ほかの口座へ振込などを行う場合には、通帳やカード、銀行印が必要になります。不正利用されないように、銀行印と、通帳やカードは別々に管理することが基本となります。小さな会社では社長がこれらすべてを管理している場合も多いです。その場合、経理部は必要に応じて社長から通帳や印鑑を預かって出納処理を行い、業務が終わると社長へ返却する流れとなります。

　経理部が通帳や印鑑を管理する場合は、社長に定期的に入出金を確認してもらうことで横領などの不正を防止しましょう。ネットバンキング契約をして窓口に並ばなくても会社から振込できる環境をつくり、一定金額以上の支払いは社長が行うようにするなどの方法も有効です。銀行口座の管理については、特定の経理社員にすべてを任せないことが重要です。

銀行口座の管理方法

☑ 社長が管理する場合

業務を担当

口座を管理

業務の都度、通帳や
カードを借りる

業務が終わったら
返却する

経理部

社長

☑ 経理部が管理する場合

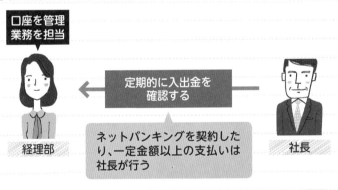

口座を管理
業務を担当

定期的に入出金を
確認する

ネットバンキングを契約した
り、一定金額以上の支払いは
社長が行う

経理部

社長

▶ **通帳と印鑑は別々に保管する**

社員が立て替えた経費を精算する方法

承認者の明確化と書類管理を徹底する

　社員が備品などを購入した際に立て替えた経費を精算することも経理の仕事です。大企業の場合、会社で様式を決めた経費精算書に社員が必要事項を記載し、それに領収書を添付します。上司の承認（押印）を得たのち、書類の内容を審査して問題がなければ精算を行います。書類を受理するたびに現金で精算する場合もあれば、給与支払い時に合わせて振り込む場合もあります。

　小さな会社でも上記の業務フローで運用できればよいですが、難しい場合は、**承認者の明確化と領収書など証拠書類提出の徹底を最低限守るようにしましょう。**承認者を明確にする理由は、会社として経費のむだづかいを防ぎ、社員の私的な支払いが混入するのを防ぐためです。小さな会社の場合は、社長が承認者の場合も多いため、経費精算書をつくらなくても、領収書などに社長名義の日付印を押すことで承認の有無を明確にできます。領収書など証拠書類の提出を徹底するのは税務上の要請です。支払いの証拠になる領収書などは、7年間〜10年間の保存が義務づけられています。証拠書類がないのに経費計上することは消費税法の関係でも問題となってしまいます。

立替費の精算方法と注意点

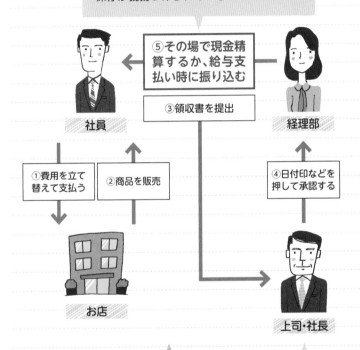

注意点1
証拠書類の提出を徹底する
支払いの証拠になる書類は、7〜10年間の保存が義務づけられている

⑤その場で現金精算するか、給与支払い時に振り込む

③領収書を提出

社員

経理部

①費用を立て替えて支払う

②商品を販売

④日付印などを押して承認する

お店

上司・社長

注意点2
承認者を明確化にする
経費のむだづかいと、私的な支払いが混在することを防ぐため、承認者を明確にする

輸出取引がある場合の消費税の申告

証拠書類の保存を確実に行う

　68ページで、会社は売上計上時に預かった消費税相当額から、仕入れや経費で支払った消費税相当額を差し引いて申告と納付をすると述べました。消費税は国内での商品販売やサービス提供に課税され、消費者（購入者）が最終的に負担しますが、その途中で二重課税を回避するため、このようなしくみになっています。

　では、国内で仕入れたものを海外で販売（輸出）した場合、消費税はどのように処理をするのでしょうか。海外へ販売した場合、購入者から日本の消費税は預かりません。つまり、仕入時に会社が負担した消費税相当額は消費者が負担していないことになるので、**会社が国内での仕入や経費で支払った消費税相当額は申告することで国から還付されます**。この場合、海外へ輸出していることを証明する輸出許可書などの書類を会社で保管することが義務づけられています。また、輸出をしたと偽って消費税の不正還付を受ける事例が多発しているため、消費税の還付申告書を提出すると税務調査の対象になりやすくなります。正しく処理をしていれば問題なく還付されるので、経理処理と書類の保存を普段から正確に行っておきましょう。

国外へ商品を販売したときの消費税

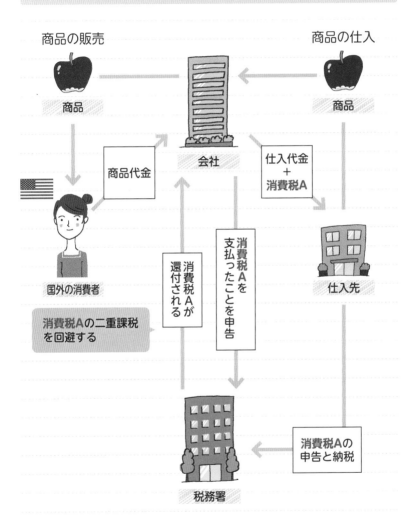

商品の販売　　　　　　　　　　　　商品の仕入

商品　　　　　　　　　　　　　　　商品

商品代金　　　会社　　　仕入代金＋消費税A

国外の消費者　　　　　　　　　　　仕入先

消費税Aの二重課税を回避する

消費税Aが還付される

消費税Aを支払ったことを申告

消費税Aの申告と納税

税務署

専門家への報酬支払時は源泉徴収を行う

報酬の10.21%を源泉徴収する

弁護士や税理士、社会保険労務士といった専門家に業務を依頼した場合、**報酬支払時に所得税と復興特別所得税を源泉徴収し、残額を相手に支払います**。具体的には、報酬金額の10.21%を源泉徴収します。業務1回分の報酬金額が100万円を超える場合、その超える部分については20.42%を源泉徴収します。ただし、相手が税理士法人など法人組織の場合、源泉徴収は不要です。

源泉徴収した税額は、原則として報酬を支払った月の翌月10日までに、会社の所轄税務署へ納付しなければなりません。このときの納付書は、給料支払時に源泉徴収した税金を納めるときと同じ「給与所得・退職所得等の所得税徴収高計算書」です。

会社の業種によっては、個人の外注先に原稿料や外交員報酬、講演料などを支払う場合があります。この場合は、国税庁が毎年発行している「源泉徴収のあらまし」という冊子を確認してみましょう。そこに記載がある業務の報酬であれば、源泉徴収をすることになります。源泉徴収した税額は「報酬・料金等の所得税徴収高計算書」という納付書を使用して、支払った月の翌月10日までに会社の所轄税務署へ納付します。

専門家への報酬から源泉徴収する

☑ 1回の業務に対する報酬が100万円以下の場合

10万円の報酬

会社　　　　　　　　　　　　　　　　　税理士

報酬の**10.21%**を源泉徴収する
➡**8万9790円を振り込む**

☑ 1回の業務に対する報酬が100万円超の場合

150万円の報酬

会社　　　　　　　　　　　　　　　　　税理士

150万円の報酬のうち、**100万円に対しては10.21%**
を源泉徴収、100万円を超える部分の**50万円に対し**
ては20.42%を源泉徴収をする
➡**129万5800円を振り込む**

会社で使う印鑑は
主に4つ

日本には「はんこ文化」があるため、経理の業務においても書類の承認や契約時には印鑑が必要となります。会社で使う印鑑は主に4つあるので、覚えておきましょう。

❶**代表者印（実印）**：法務局に登録することで印鑑証明書が発行される印鑑です。会社として契約を結ぶ際に印鑑証明書とセットで要求されることがあります。実印を押すということは、会社の意思としてその契約を締結するという意味になります。

❷**銀行印**：銀行に届出をする印鑑です。銀行手続き時や、小切手・手形の振出時に使います。横領など不正利用を防ぐため、押印者の権限をルール化して管理するとよいでしょう。

❸**角印**：会社の認印として請求書や領収書などさまざまな場面で押されます。総務や経理で管理することが多い印鑑です。

❹**ゴム印・組み合わせ印**：事務作業効率化のため、会社名・住所・代表取締役名などを毎回手書きする代わりに使用します。

■会社で使う4つの印鑑

代表者印（実印）	角印
契約を結ぶ際に使用する	会社の認印として使用する

銀行印	ゴム印・組み合わせ印
銀行手続きなどに使用する	社名などを手書きする 代わりに使用する

3章

実践 月々の仕事 帳簿をつけて資金繰りをチェック

請求書の作成や、帳簿へ計上するタイミングなど、小さな会社の経理が月々の仕事で行っている仕事をひとつずつ解説していきます。

お金を払ってもらうために 請求書を作成する

締日や支払期日と金額を確認する

　企業間取引においては、売上代金を回収するために、請求書を作成して取引先へ送付します。請求書のひな型に決まりはありませんが、受け取った側が内容を把握しやすいものがよいでしょう。

　請求書を作成する際には、日付（締日、支払期日）と金額に注意します。締日や支払期日は自社で決めるものですが、得意先との関係によって取引条件が異なる場合もあります。金額は締日時点で正しい金額かどうかはもちろん、消費税抜き、または込みの金額かにも注意しましょう。また、食品など消費税の軽減税率対象となる商品を販売している場合は、請求書内で適用される税率を分けて明示しておく必要があります。

　作成した請求書に会社の角印の押印がないからといって請求が無効にはなりませんが、請求書を受け取る側の経理ルールで押印がない請求書の支払いを保留している場合もあるので、押印しておいたほうがスムーズに支払い処理をしてもらえるでしょう。

　売上代金を現金や小切手、手形で回収した場合は領収書を先方へ交付します。金額によって印紙の貼付と割印が必要です。

会社の売上代金を回収する方法

経理部

①売上代金の請求書を送る

請求書の金額や日付に注意

②売上代金が振り込まれる

③売上代金を現金、小切手、手形で
回収した場合には領収書を発行する

金額によって印紙の
貼り付けと割印が必要

取引先

請求書作成のポイント

POINT!
1

・**締日、支払期日、金額、宛先**が正しい
かを確認する

POINT!
2

・消費税は**税抜き**と**税込み**どちらで表記
しているかを明記する

・**軽減税率**を適用している商品がある場
合は明記する

POINT!
3

・会社の**角印**が押されているか確認する

今月はいくらもうかった？ 売上の請求書をまとめる

請求書に基づき会計ソフトへ入力する

　会社が売上を計上する基準は、あらかじめ自社で決めた基準を継続適用する必要があります。一般的には「出荷基準」や「引渡基準」、「検収基準」を採用していることが多いです（右図参照）。**請求書を発行した後は、請求書控えに基づき会計ソフトへ売上の仕訳を入力します。**

　売上の仕訳を入力する際には、勘定科目の売掛金に補助科目として得意先名を設定しておくとよいでしょう。補助科目を設定することで、得意先別の売掛金残高がすぐに確認できます。

　なお、得意先の数が多い場合は、販売管理システムで得意先ごとの売掛金残高を管理している場合もあります。この場合は、会計ソフトでは補助科目を設定せずに、まとめて売掛金へ計上し、内訳は販売管理システムで確認したほうが入力の手間が減って合理的です。

　小さな会社の場合、期中は入金があった時点で会計ソフトへ売上計上し、決算月のみ引渡基準などに基づき売掛金を計上する方法もあります。月次で業績管理をするうえではあまりおすすめできませんが、入力の手間が減るメリットがあります。

売上の計上基準

受注 — 受注時点では計上しない

出荷

出荷基準
商品を取引先へ出荷した時点で売上を計上する方法。自社の倉庫から出荷した日が計上日となる

納品

引渡基準
商品の引き渡しが完了した時点で売上を計上する方法。受領書の日付が計上日となる

検収

検収基準
取引先が商品の品質などの確認をした後に売上を計上する方法。取引先から発行される検収確認書の日付が計上日となる

入金があった時点で売上計上する方法もあります

3章

今月はいくら使った？ 仕入の書類をまとめる

納品書や請求書から会計ソフトへ入力する

　小売業、卸売業、製造業などの業界では、商品や材料を掛買いで仕入れ、代金は後日支払うことが一般的です。このときの買掛金をいつ仕入計上するかは会社によって異なりますが、「検収基準」を採用している場合が多いです。

　検収基準では仕入の検収をするたび、会計ソフトへ仕入を計上します。このとき貸方の勘定科目の買掛金には仕入先名を補助科目で設定しておくと、会計ソフトの補助元帳から仕入先別の買掛金残高が把握できるようになるので便利です。

　計上した買掛金は、仕入先と取り決めた支払い条件通りに支払います。締日後に仕入先から送られてくる請求書と、こちらで計上済みの買掛金の金額に相違がないか確認してから支払います。支払い条件はできるだけそろえておいたほうが経理処理がシンプルになり、支払い忘れの防止にもつながります。

　小さな会社の場合は、経営者の判断で支払いを先に済ませた後、請求書だけが経理に回ってくることもあります。このような会社では期中の仕入は支払基準で経理しておき、決算月だけ検収基準で買掛金の計上を行う方法もあります。

仕入の計上基準

発注 発注時点では計上しない

発送

発送基準
取引先が商品を発送した時点で計上する方法。納品書の日付が計上日となる

入荷

入荷基準
商品が自社の手元に届いた時点で計上する方法。受け取りのサインや確認印を押した日が計上日となる

検収

検収基準
届いた商品の品質などの確認後に計上する方法。検収確認書を発行した日が計上日となる。採用されていることが多い基準

支払いの時点で仕入計上する方法（支払基準）もあります

実践 | 04

ツケはいくら溜っている？
売掛金と買掛金の管理

売掛帳と買掛帳を活用する

　売掛金や買掛金が発生する会社の場合、**売掛金が期日までに回収されているか、買掛金を支払い条件通りに支払っているかの確認は、売掛帳や買掛帳で管理するとよいでしょう**。売掛帳・買掛帳の形式に決まりはないので、自社で管理するために必要な情報が記載されているものを利用するとよいです。市販のものが使いづらい場合は、エクセルなどで自作しても問題ありません。

　小さな会社の場合は、取引先別に売掛金の発生日と回収日、買掛金の発生日と支払日が管理できていれば十分でしょう。

　売上や仕入があるたび会計ソフトへ入力している場合は、売掛金や買掛金の補助科目に取引先名を設定しておけば、会計ソフトの補助元帳がそのまま売掛帳や買掛帳として利用できます。販売管理システムや仕入管理システムを導入している場合は、その機能で代用できます。同じような作業を繰り返すことは時間のむだですし、ミスも発生しやすくなるので、既存のしくみを利用して管理するとよいでしょう。また、売掛金は回収予定日に入金されているかを定期的にチェックします。入金が確認できない場合、担当者と連絡をとって早めに状況の確認をする必要があります。

売掛帳の例

株式会社A ● 取引先ごとに管理する

日付	勘定科目	摘要	売上金額	回収金額	差引残高
		前年度繰越			410,000
1月11日	諸口	12月分売掛金回収		100,000	310,000
1月14日	売上	1月確定分	60,000		370,000
1月16日	売上	1月確定分	30,000		400,000
1月28日	売上	1月確定分	60,000		460,000
1月31日	売上	1月確定分	28,000		488,000

売掛金の**発生日**と**回収日**をしっかり管理する

買掛帳の例

株式会社B ● 取引先ごとに管理する

日付	勘定科目	摘要	単価	数量	支払	仕入	差引残高
		前年度繰越					50,000
1月19日	普通預金	振込支払い			50,000		0
1月25日	仕入	商品A	300	100		30,000	30,000
1月26日	現金	現金支払い			30,000		0
1月29日	仕入	商品B	260	150		39,000	39,000

取引先ごとに管理する場合、
ひとまとめにしてもよい

商品Bの支払いを
済ませていない
ことがわかる

買掛金の**発生日**と**支払日**を
しっかり管理する

実践│05

今月の経営は順調？
試算表を作成する

会計ソフトで試算表を作成

　現在の会社の状況を把握するためには、試算表を作成します。試算表とは、ある時点での勘定科目の残高を集計した表です。現在は会計ソフトがあるため、仕訳さえ入力すれば、ソフトが自動的に作成してくれます。**試算表は毎月作成することが好ましいですが、最低でも3カ月ごとに作成するようにしましょう。**

　試算表のもっとも簡単なつくり方は、会社の現預金の動きだけをすべて入力する方法です。ただし、売上や仕入は入出金ベースになるため、売掛金や買掛金が計上されません。そのため、正しい業績が表示されるとは限りませんが、大まかな会社の状況は把握できます。

　小さな会社では、上記に加えて、売上と仕入だけを発生主義で計上する方法がおすすめです。1カ月分の現預金の動きを入力した後、請求書ベースで売上と仕入を計上します。普段から請求書や納品書ベースで経理業務を行っていれば、すでにこの試算表ができ上がっているはずです。預貯金の動きだけを入力する方法よりも、より実態に近い利益や売上高が試算表に表示されるため、納税予測や資金繰りを考える際に参考になるでしょう。

試算表の例

試算表は最低でも3カ月ごとに作成しよう

	前期繰越	期間借方	期間貸方	期間残高	構成比
現金	1,200,000	500,000	700,000	1,000,000	2.18%
普通預金	9,000,000	3,500,000	600,000	11,900,000	26.00%
現金・預金合計	10,200,000	4,000,000	1,300,000	12,900,000	28.18%
受取手形	7,000,000	1,500,000	3,000,000	5,500,000	12.02%
売掛金	15,000,000	10,100,000	9,000,000	16,100,000	35.18%
売上債権合計	22,000,000	11,600,000	12,000,000	21,600,000	47.19%
商品	7,670,000	0	0	7,670,000	16.76%
棚卸資産合計	7,670,000	0	0	7,670,000	16.76%
流動資産合計	39,870,000	15,600,000	13,300,000	42,170,000	92.13%
車両運搬具	1,000,000	3,000,000	500,000	3,500,000	7.65%
一括償却資産	0	100,000	0	100,000	0.22%
有形固定資産計	1,000,000	3,100,000	500,000	3,600,000	7.87%
固定資産合計	1,000,000	3,100,000	500,000	3,600,000	7.87%
資産合計	40,870,000	18,700,000	13,800,000	45,770,000	100.00%
支払手形	5,000,000	2,000,000	3,000,000	6,000,000	13.11%
買掛金	2,003,000	2,000,000	6,000,000	6,003,000	13.12%
仕入債務合計	7,003,000	4,000,000	9,000,000	12,003,000	26.22%
未払金	100,000	100,000	50,000	50,000	0.11%
短期借入金	600,000	500,000	0	100,000	0.22%
他流動負債合計	700,000	600,000	50,000	150,000	0.33%
流動負債合計	7,703,000	4,600,000	9,050,000	12,153,000	26.55%
長期借入金	12,000,000	300,000	0	11,700,000	25.56%
固定負債合計	12,000,000	300,000	0	11,700,000	25.56%
負債合計	19,703,000	4,900,000	9,050,000	23,853,000	52.11%
資本金	10,000,000	0	0	10,000,000	21.85%
資本金合計	10,000,000	0	0	10,000,000	21.85%
利益剰余金合計	11,167,000	0	750,000	11,917,000	26.04%
純資産合計	21,167,000	0	750,000	21,917,000	47.89%
負債・純資産合計	40,870,000	4,900,000	9,800,000	45,770,000	100.00%

3章

試算表と予算値などを比較してみる

　試算表とは、簡易的に作成した決算書です。決算書は会社の１年間の成績を見るものですが、試算表は成績の途中経過を把握するものなので、作成に時間をかけすぎても意味がありません。重要性の高い項目だけを反映させ、あまり重要ではない項目は省略するという判断も大切です。

　作成した試算表は、**売上目標などの予算値と比較して予実管理に活用します**。また、前月や前年同月の試算表と比較することで、より一層その価値を発揮します。試算表の数値で、比較したい３つの項目は以下の通りです。

❶予算値と比較する

　会社で売上目標や利益目標を予算値として設定している場合は、最新の試算表の数値と比較することで達成度合いを確認できます。毎月試算表を作成し実績を把握することで、目標未達の場合は早めに対策をとることができます。

❷前月の試算表と比較する

　前月の試算表と比較し、利益の推移を確認します。通常であれば期末に向けて利益は増加するはずです。利益が減少している場合はその原因を考え、今後の経営判断に活かしていきます。

❸前年と同じ月の試算表と比較する

　前年同月の試算表と比較することで、当期の業績が前年比でどうなっているのかを把握できます。前年の数値と比べることで、会社が成長しているか否かを客観的に把握できるので、根拠のある経営判断をすることが可能になります。

試算表と比較対象

試算表は、会社の現状を表すもの。さまざまな値と比較することで、これからの対策や経営判断ができるようになる

比較対象
予算値

売上目標や利益目標を予算値として設定している場合には、最新の試算表と比較することでその**達成度**がわかる

➡ 未達成の場合は、早めに対策を取ることができる

比較対象
前月の試算表

前月の試算表と比較することで**利益の推移**がわかる

➡ 通常は期末に向けて利益が増加していくが、減少している場合は、原因を考えて今後の経営判断をする

比較対象
前年と同じ月の試算表

前年同月の試算表と比較することで**当期の業績が前年に比べてどうなっているか**がわかる

➡ 会社の成長度を客観的に把握でき、根拠のある経営判断ができる

手元の現預金を管理して黒字倒産を防ぐ

利益を出していても倒産することがある

　会社は赤字になってもすぐには倒産しませんが、**支払いのための資金がない状態が続くと、たとえ黒字で利益が出ていたとしても倒産することがあります。これを黒字倒産といいます。**

　たとえば、Ａ社の１月末の資金残高が100万円だと仮定します。２月にＢ社から240万円分の商品を仕入れ、その代金を３月末に支払う予定です。３月に商品を販売して売上300万円を計上しましたが、代金は４月末に回収予定です。このとき、３月末の利益は「売上300万円－仕入240万円＝利益60万円」で黒字となります。しかし、売上300万円の入金は４月末ですので、３月末の資金残高は100万円のままとなり、３月末にＢ社に支払う予定の仕入代金240万円を支払うことができません。

　なぜこのような事態が起こるかというと、**「売上＝収入」ではない**からです。消費者向けの現金商売でない限り、売上代金の回収は後日になります。一方、売上を得るためには商品を先に仕入れなければならず、通常は売上代金の回収よりも先に仕入代金の支払い時期が到来します。この場合、銀行から運転資金の融資を受けて支払いを行うなどの対策が必要です。

黒字倒産が起きる原因

1月31日	A社の残高 ➡**100万円**	残高 **100万円**

▼

2月15日	B社から240万円分の商品を仕入れる(支払いは3月末の予定)	残高 **100万円**

▼

3月15日	仕入れた商品を販売して300万円の売上を計上する	残高 **100万円**

▼

3月31日	仕入れた商品の支払い	残高 100万円－240万円 ＝**－140万円**

▼

4月30日	売上代金の回収	残高 －140万円＋300万円 ＝**160万円**

結果的に黒字でも、手元の資金が不足していると
3月31日の支払いができない

黒字倒産を防ぐには
資金繰り(96ページ参照)が
重要です

実践 | 07

いつ、いくらお金が入るか 資金繰り表で確認する

資金繰り表を作成する

　小さな会社を継続させるうえで、利益を確保することと同じぐらい重要なのが資金繰りです。利益は試算表を作成することで把握できますが、資金繰りの管理には試算表だけでは不十分です。そこで、資金繰り表を作成し、手元の資金を管理しましょう。

　資金繰り表は社内で使用する資料なので形式は自由ですが、一般的にはエクセルなどを利用し、縦には収支の項目、横には年月を並べます。収支の項目は、営業収支と営業外収支、財務収支に分けて記載します。数値はこれまでの実績と将来の見込みを入力し、実績値で資金収支がマイナスになっていないか確認するとともに、見込値で将来資金不足にならないかどうかをチェックします。資金繰り表は手元資金が不足しないための管理資料にすぎないので、1円単位まで合わせるよりも、大まかな数字でも毎月作成することが重要です。項目は細かくしすぎないほうがよいですが、営業支出は変動支出（仕入や外注費など売上の増減に連動する支出）と固定支出（人件費や家賃など毎月定額の支出があるもの）に分けておくと、損益分岐点の収支が表示されるので、資金を借り入れるなど、資金不足解消の対策が立てやすくなります。

資金繰り表の例

単位:千円

			実績 2020年4月	見込 2020年5月
前月繰越			10,000	6,445
営業収支	①売上収入	現金売上	5,000	1,200
		売掛金回収	20,000	30,000
		売上収入計	25,000	31,200
	②変動支出	現金仕入	1,000	500
		買掛金支払	22,000	15,000
		外注費	3,000	2,500
		変動支出計	26,000	18,000
	③粗利収支（①−②）		−1,000	13,200
	④固定支出	人件費支払	1,000	1,000
		家賃支払	300	300
		その他販売管理費支払	800	800
		社会保険料支払	300	300
		税金支払	100	100
		固定支出計	2,500	2,500
	⑤営業収支（③−④）		−3,500	10,700
営業外収支	⑥営業外収入	雑収入	0	0
		営業外収入計	0	0
	⑦営業外支出	雑損失	0	0
		営業外支出計	0	0
	⑧営業外収支（⑥−⑦）		0	0
経常収支	⑤＋⑧		−3,500	10,700
財務収支	⑨財務収入	新規借入	0	0
		財務収入計	0	0
	⑩財務支出	借入金返済	50	50
		支払利息	5	5
		財務支出計	55	55
	財務収支（⑨−⑩）		−55	−55
当月収支	経常収支＋財務収支		−3,555	10,645
当月末資金	前月繰越＋当月収支		6,445	17,090

始めに見込値を記入し、実績が出たら書き換える

売上収入から売上の増減に関わる支出を引いた額

売上収入から変動支出と固定支出を引いた額。マイナスだと、損益分岐点を下回ることを表す

月末に残る資金の額

会計ソフトは
何にするべき？

　現在の会計ソフトには、プログラムを購入してパソコンにインストールするタイプと、ソフトがサーバ上にあり、毎月利用料金を支払って使用するクラウド会計ソフトがあります。

　クラウド会計ソフトの場合、パソコンが故障してもデータが消えるリスクが少なく、サーバにアクセスするためのネット環境があればどこでも作業ができ、法改正や機能改善のアップデートが自動で行われる点でインストール型より優れています。

　クラウド会計ソフトを使うときのポイントは「ソフトに直接入力する機会を最小限にする」ということです。たとえば、銀行とはネットバンク契約を結び、クラウド会計ソフトと連携させることで、通帳を見ながら入力する必要がなくなります。ソフトによってはＡＩが科目を推測し、登録するように設定することで、人間が操作することなく仕訳をきることもできます。

■クラウド会計ソフトのしくみ

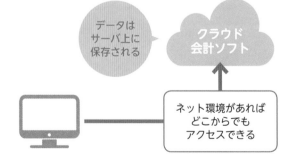

データは
サーバ上に
保存される

クラウド
会計ソフト

ネット環境があれば
どこからでも
アクセスできる

4章

実践 月々の仕事 給料の仕訳

毎月訪れる給料日は、経理部にとって受け取るだけでなく、計算した給料を振り込む大切な日です。給料の計算方法などについて解説します。

給料日は経理にとって給料を振り込む日

給料に関する間違いは厳禁！

給料日になると、社員に対して給料が振り込まれます。給料日は社員にとって労働の対価を受け取る日ですが、経理部にとっては毎月給料を計算して振り込む日です。

経理部の準備不足で給料の振り込みが遅れたり、支給金額が間違っていたりすると、それが原因で転職を考える社員が出てきてもおかしくありません。それくらい、**給与計算は経理にとって間違いが許されない大切な仕事のひとつなのです。**

給与計算に間違いがあると、そこで働く社員の会社に対するロイヤルティ（忠誠心）が低下します。小さな会社の場合、会社イコール経営者（社長）といえるので、給料の遅配や計算ミスは「社長は社員のことを大切に思っていない」といった誤解を与えてしまうことになります。

また、給与計算でミスをすると、社員だけではなく多方面に影響します。社員の所得税・住民税、厚生年金保険料、健康保険料、雇用保険料の金額を間違えると、税務署、市役所、年金事務所、ハローワークなどへ出向いて正しい金額にするための手続きが発生することもあります。

給与に関するミスによる影響

☑ 給料の遅配、未払いした場合の影響

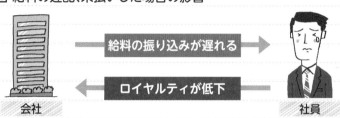

会社　→　給料の振り込みが遅れる　→　社員

会社　←　ロイヤルティが低下　←　社員

▶ 社員の労働のモチベーション低下や会社への不信感が生まれる

☑ 給与の計算ミスした場合の影響

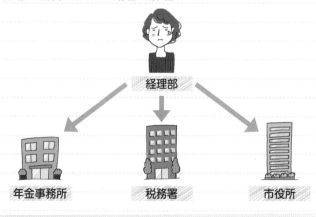

経理部

年金事務所　　税務署　　市役所

▶ 行政機関へ出向いて正しい金額の保険料などに訂正する手続きが必要になる

4章

実践 | 02

給与明細には 何が書かれている?

給与明細には4つの項目が記載されている

　会社員であれば、給料と一緒に給与明細を受け取りますが、その記載内容について詳しく知っている人は少ないでしょう。ほとんどの場合、自分に振り込まれる「支給額」だけをみて一喜一憂している人が多いのではないでしょうか。給料をもらうだけの立場ならそれでもよいのですが、給与計算を行う経理部の場合、その記載内容をきちんと理解しておく必要があります。

　給与明細には「所得税」「健康保険」「雇用保険」など、さまざまな項目が並んでいますが、**一般的な給与明細には大きく分けて4つの項目しか記載されていない**ので、それほど難しく考える必要はありません。

　1つ目は「勤怠」です。勤務日数や残業時間など、社員の勤務実績が記載されています。2つ目は「支給」です。基本給や手当、通勤費など、社員に支給される給料の内訳が記載されています。3つ目は「控除」です。健康保険、厚生年金、雇用保険、所得税、住民税など、給料から天引きされる項目が記載されています。4つ目は「振込額」です。支給から控除を引いた額で、給料として実際に振り込まれる金額が記載されています。

給与明細の記載項目

勤怠
勤務日数や残業時間など、社員の勤務実績が記載される

支給
基本給や手当など、支給される給与の内訳が記載される

給与支給明細

○○株式会社　2020年○月分

勤怠	勤務日数	残業日数	残業時間
	22	10	15

支給	基本給	通勤手当	時間外手当	家族手当	資格手当	特別手当
	200,000		10,850	23,700	5,000	4,500

控除	健康保険	厚生年金	介護保険	雇用保険	所得税	住民税
	11,880	21,960		732	5,130	4,500

総支給額	控除合計額	差引支給額
244,050	44,202	199,848

控除
保険料や税金など、給与から天引きされるものが記載される

振込額
支給から控除を差し引いた振り込まれる金額が記載される

103

実践 | 03

手取りと額面の違いは？ 給与の計算の仕方

「支給」から「控除」を引いたら「振込」

102ページで解説したように、給与明細には、①勤怠、②支給、③控除、④振込額の4つの記載項目があります。実際に給与計算する際も、この順番で作業を行います。

❶勤怠：タイムカードや勤怠管理ソフトで集計した社員の勤務実績に基づいて記載します。 残業時間がある場合は②支給で残業手当が加算され、欠勤がある場合は②の支給額を減額します。

❷支給：基本給に加えて役職手当、残業手当などすべての各種手当と通勤手当を記載します。 いわゆる額面といわれるものです。支給項目に記載されるものは、原則として社員の所得税・住民税、社会保険料、労働保険料の計算対象です。ただし、一定の範囲内の通勤手当は、所得税・住民税の課税対象からは除外されます。給与計算ソフトの設定で管理するとよいでしょう。

❸控除：❷の支給金額が確定すると❸の金額が決まります。 まず、社会保険料（健康保険と厚生年金）と雇用保険料を計算し、その後、所得税を計算します（108～113ページ参照）。

❹振込額：❷－❸で求めます。 手取りといわれるものです。

給与の計算手順

① 勤怠実績を計算する

タイムカードや勤怠管理ソフトを使って勤務時間を集計する

② 支給額（額面）を計算する

基本給に加えて、勤怠実績に基づいた手当や通勤手当などを計算する

③ 控除額を計算する

基本給をもとに控除を計算する。始めに社会保険料と雇用保険料の計算をする。次に、支給額から社会保険料と雇用保険料を差し引いた額をもとに所得税の計算をする

④ 振込額を計算する

②の支給額から③の控除額を差し引く

実践│04

給与からいったい何が 天引きされているのか

保険料と税金が天引きされる

　給料は、支給から控除が天引きされて振り込まれます。**給与から天引きされる項目は、原則として、社会保険料（健康保険・介護保険・厚生年金）、雇用保険料、所得税、住民税です。これらは給与額に応じて金額が決まり、給与明細に表記されます。**計算の順番は104ページの通り、社会保険料と雇用保険料から計算します。なぜかというと、天引きされる所得税の金額は、支給金額（非課税の通勤費は含まない）から社会保険料と雇用保険料を引いた額に応じて決まるからです（112ページ参照）。

　住民税は社員が住んでいる市区町村から通知された金額を天引きするので、会社では計算しません。

　なお、社員によっては、原則的な天引き項目の該当がない場合もあります。社会保険や雇用保険の加入条件を満たさないアルバイトなどの給料からは、これらの天引きをしません。住民税は、社員自らコンビニなどで納める（普通徴収といいます）場合、給料から天引きはしません。

　会社によっては上記以外に、「社宅家賃の本人負担額」「昼食弁当代の本人負担額」などが記載されることもあります。

給与から天引きされる項目

天引きされる項目リスト

☑ 社会保険料
給与明細に表記されている、健康保険、介護保険、厚生年金のこと

計算方法は**108**ページ

☑ 雇用保険料
事業の種類ごとに保険料率が決まっている

計算方法は**110**ページ

☑ 所得税
社員の所得に応じて天引きされる額が決まる

計算方法は**112**ページ

☑ 住民税
社員が住んでいる市区町村から通知された金額を控除する

経理では計算しない！

☑ そのほか控除項目
会社によって上記以外定めている場合、その額を計算する

4
章

107

実践 | 05

社会保険料と雇用保険料の計算方法

健康保険と厚生年金の計算方法

　給与明細に記載される４つの項目のうち、控除項目に記載される主なものは「社会保険料」、「雇用保険料」、「税金」です。これらの計算方法は、**まず先に社会保険料と雇用保険料の計算から始めます**（健康保険は協会けんぽに加入していることを前提とします）。

　社会保険料は、「健康保険」「介護保険（40歳から64歳までの社員のみ）」「厚生年金」に分けられます。ただし、計算方法は「標準報酬月額」が確定すれば、すべて自動的に決まります。

　既存の社員の場合、毎年７月10日に日本年金機構へ「算定基礎届」を提出しますが、それを受けて８月頃に「健康保険・厚生年金保険被保険者標準報酬決定通知書」が会社に届きます。ここに社員ごとの標準報酬月額が記載されています。新入社員や中途入社の社員の場合は、入社後に日本年金機構へ「健康保険・厚生年金保険被保険者資格取得届」を提出しますが、そこに記載した報酬月額を「健康保険・厚生年金保険の保険料額表」にあてはめることで、標準報酬月額が決まります。

社会保険料の計算方法

☑ 既存社員の社会保険料の計算方法

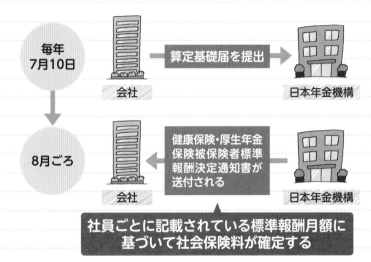

社員ごとに記載されている標準報酬月額に基づいて社会保険料が確定する

☑ 新入社員・中途入社の社員の社会保険料の計算方法

「健康保険・厚生年金保険の保険料額表」にあてはめて標準報酬月額を決定し、その金額で計算する

保険料の改定タイミングに注意

　前述の「健康保険・厚生年金保険の保険料額表」には、標準報酬月額ごとの健康保険料と厚生年金保険料が「全額」と「折半額」で一覧表記されています。**社員の標準報酬月額に応じて折半額を天引きします。**

　なお、一度決定された標準報酬月額は、原則として1年間変わりません。ということは、健康保険、介護保険、厚生年金の天引き額は標準報酬月額が変更にならない限り、毎月定額だということです。ただし、健康保険の料率は毎年3月分から変更されるので、そのタイミングで天引き額が変わるでしょう。

　別のいい方をすると、健康保険、介護保険、厚生年金については標準報酬月額の定時決定がある9月分と、健康保険料率の変更がある3月分の給与計算をするとき以外は、給与の支給額が変動しても、原則として天引き額は変わらないということです。

　一方、雇用保険料は、毎月の支給額に雇用保険料率を乗じて計算するため、残業手当の増減などにより支給額が変動すると、天引き額が変わります。また、雇用保険料率は4月1日から3月31日の期間で決まっているので、4月分の給料明細を作成する際には、雇用保険料率が前年度から変更されていないかどうか、確認する必要があります。

　このように、同じ天引き項目でも、健康保険・介護保険・厚生年金と雇用保険で金額改定のタイミングが違う点に注意してください。

保険料改正のタイミング

月		
1月		
2月		
3月	健康保険料の料率が変更される	
4月	健康保険の天引き額が変わる	雇用保険料率が変わる
5月		
6月		
7月	算定基礎届を日本年金機構に提出	
8月	9月分からの標準報酬月額が通知される	
9月		
10月	健康保険、介護保険、厚生年金の天引き額が変わる	
11月		
12月		

▶ 保険料の改定タイミングを把握して
天引き額の計算に注意しよう

実践│06

所得税は経理部で計算 住民税は通知が来る

所得税は毎月変動することが多い

　給与から天引きする社会保険料と雇用保険料を計算したら、次に所得税を計算します。**所得税は❶社会保険料等控除後の金額、❷扶養親族等の数で決まります。**

　❶社会保険料等控除後の金額とは、給与明細の支給項目（非課税の通勤手当は除いた金額）から、社会保険料と雇用保険料を控除した金額です。❷扶養親族等の数は、社員から提出してもらう「扶養控除等申告書」に記載された内容で決まります。記載がない場合、0人として所得税の計算をします。

　❶社会保険料等控除後の金額と、❷扶養親族等の数が決まったら、毎年国税庁が公表している「給与所得の源泉徴収税額表」にあてはめて天引きする所得税が決まります。支給項目や雇用保険料の金額は毎月変わることが多いため、天引きする所得税の金額も毎月変動します。

　一方、**住民税は毎年5月頃に市区町村から1年分の納付書と社員ごとに12等分された金額が記載された「特別徴収税額の決定通知書」が送られてくるので、その金額を毎月の給料から天引きします。**

所得税と住民税の算出方法

☑ 所得税の算出方法

> ## 給与の総支給額[※]−(社会保険料＋雇用保険料)の金額
> ※通勤手当など、非課税の手当は含まない

(二)　　　　　　　　　　　　　　　　　　　　　　　　　　　　　　　　　　　　(167,000円〜289,999円)

その月の社会保険料等控除後の給与等の金額		甲								乙
		扶　養　親　族　等　の　数								
		0 人	1 人	2 人	3 人	4 人	5 人	6 人	7 人	
以　上	未　満	税					額			税　額
円	円	円	円	円	円	円	円	円	円	円
167,000	169,000	3,620	2,000							11,400
169,000	171,000	3,700	2,070							11,700
171,000	173,000	3,770	2,140							12,000
173,000	175,000	3,840	2,220							12,400
175,000	177,000	3,910	2,290							12,700
177,000	179,000	3,980	2,360							13,200
179,000	181,000	4,050	2,430							13,900
181,000	183,000	4,120	2,500							14,600
183,000	185,000	4,200	2,570							15,300
185,000	187,000	4,270	2,640	1,030	0	0	0	0	0	16,000
187,000	189,000	4,340	2,720	1,100	0	0	0	0	0	16,700
189,000	191,000	4,410	2,790	1,170	0	0	0	0	0	17,500
191,000	193,000	4,480	2,860	1,250	0	0	0	0	0	18,100
193,000	195,000	4,550	4,630							18,800
195,000	197,000	4,630								19,500
197,000	199,000	4,700								20,200
199,000	201,000	4,770								20,900
201,000	203,000	4,840								21,500
203,000	205,000	4,910								22,200
205,000	207,000	4,980								22,700

> 社員から提出してもらう「扶養控除等申告書」に記載されている内容による

> 社会保険等控除後の金額が20万円、扶養親族等の数が0人の社員の所得税は**4770円**

出所：国税庁「給与所得の源泉徴収税額表（2019年）分」

☑ 住民税の算出方法

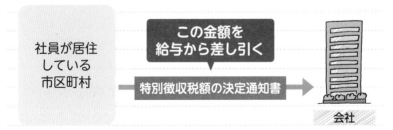

社員が居住している市区町村

この金額を給与から差し引く

特別徴収税額の決定通知書 →

会社

実践 | 07

天引きした保険料などは どこに納める?

納付期限を忘れないように注意

　社員の給与から天引きした社会保険料や税金は、期限内に決まった機関へ納付します。

　社会保険料（健康保険、介護保険、厚生年金）は、日本年金機構から毎月納付書が送られてきます。**月末までにコンビニや金融機関に出向いて納付するか、ネットバンキングでペイジーを使って納付します。**

　雇用保険料は原則として年1回の納付です。毎年6月になると「労働保険の年度更新」の書類が会社に送られてくるので、必要事項を記入し、納付額を計算して**7月10日までに金融機関窓口に持参して納付します。**一定の条件を満たすと年3回の分割納付もできます。

　所得税と住民税の納付期限は、原則（毎月10日期限）と例外（半年1回期限）があります。例外を選択するためには税務署や市役所に対して事前に申請が必要です。これらの税金については自動での口座振替ができないので、納付書を金融機関へ持参して納付するか、電子申告で納付書を送信し、ペイジーやダイレクト納付で口座引落させる必要があります。

保険料や税金の納付方法

☑ 社会保険料の納付方法

日本年金機構 → 毎月、納付書が送られてくる → 会社

月末までに金融機関などで納付する

☑ 雇用保険料の納付方法

厚生労働省 → 毎年6月に労働保険の更新書類が送られてくる → 会社

7月10日までに金融機関で納付する

☑ 所得税と住民税の納付方法

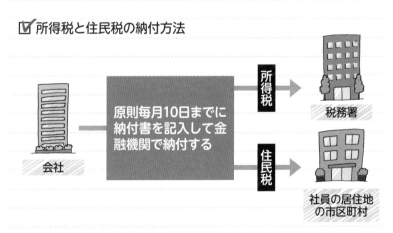

会社 → 原則毎月10日までに納付書を記入して金融機関で納付する

所得税 → 税務署

住民税 → 社員の居住地の市区町村

実践│08

給料を支払ったら仕訳を行う

天引きした項目ごとに分けて仕訳する

　給料日に振込金額を社員の口座へ振り込んだら、仕訳をします。仕訳は社員ごと、社員全員の合計金額のどちらでもよいです。給与明細の支給項目は、**借方に「給料手当」「役員報酬」といった科目で仕訳します**。このときの通勤手当は、「旅費交通費」など別の科目で借方に仕訳します。消費税の取り扱いが異なるからです。給料に消費税は含まれていませんが、通勤費（社員が購入する定期代やガソリン代）には消費税が含まれているため、仕訳も分けます。決算時に消費税の申告書を正しく作成するために分けておく必要があります。

　控除項目は、貸方へ記載します。このとき、社会保険料（健康保険、介護保険、厚生年金）、雇用保険料、所得税、住民税ごとに分けて記載するようにしましょう。これらは納付のタイミングが異なるため、分けておいたほうが残高の把握がしやすくなり、ミスが減ります。具体的には、預り金という科目に補助科目（社会保険、雇用保険、所得税、住民税）を設定して記録します。

　上記貸借の差額が実際の振込金額と一致するはずなので、貸方に普通預金などで経理します。

給与の仕訳方法

支給を借方へ記入。社員ごとに記入しても、社員全員の給与合計を記入してもよい

振込額を記入

借方	金額	貸方	金額
給与手当	200,000	普通預金	171,200
旅費交通費	10,820	預り金 （社会保険料）	29,000
		預り金 （雇用保険料）	780
		預り金 （所得税）	4,840
		預り金 （住民税）	5,000
合計	210,820	合計	210,820

通勤費など消費税が含まれる項目は行を分ける

合計が一致する

控除の項目を貸方へ記入

項目ごとに分けて仕訳しましょう

117

実践｜09

賞与から天引きする控除の計算方法

賞与からも天引きを行う

　賞与を支給する場合も、給料と同じように支給金額から控除金額を差し引いて振り込みます。ただし、給料とは控除項目の計算方法が異なるので気をつけましょう。

　賞与の社会保険料は支給額を1000円未満切捨した金額が「標準賞与額」となり、この金額に保険料率を乗じて求めます。ただし、負担は社員と会社の折半です。また、標準賞与額には上限があり、健康保険は年度の累計額573万円、厚生年金保険は1カ月あたり150万円が上限と設定されています。

　賞与の雇用保険料は給料と同じで、1円単位の支給額に雇用保険料率を乗じて計算します。

　賞与の所得税を計算するためには、前月に支給した給料の情報が必要です。具体的には、前月の給与から社会保険料等を差し引いた金額と、その社員の扶養親族等の数を国税庁が公表している「賞与に対する源泉徴収税額の算出率の表」にあてはめて適用する税率を求めます。この税率を賞与の支給額から賞与に係る社会保険料などを差し引いた残額に乗じて求めます。

　なお、住民税は、賞与から天引きしません。

賞与の控除項目の計算方法

《 社会保険料 》

標準賞与額×保険料率
➡この金額を社員と会社が折半する

※標準賞与額＝支給額を1000円未満切り捨てした額
※標準賞与額の上限は、健康保険は年度の累計額573万円、厚生年金保険は1カ月あたり150万円

《 雇用保険料 》

賞与の金額×雇用保険料率

※給料から天引きする際と同じ計算方法

《 所得税 》

（賞与の金額－社会保険料の合計額）×源泉徴収税率

《 住民税 》

天引きしない

賞与からも控除金額を
差し引きます

給与明細はどうやって
社員に渡す？

税 理士会が開催する無料相談会に参加する人のなかに「前職では給与明細をもらっていませんでした」という人がたまにいます。社員の手取り金額だけを振り込んで明細を渡さない経営者もいるようです。しかし、給与明細を社員へ渡すことは所得税法などにおいて定められています。社員やアルバイトへ給料を支払った場合には、必ず給与明細を作成して渡さなければなりません。

給与明細は紙で渡すことが一般的でしたが、クラウド型の給与計算ソフトを導入し、ＷＥＢ上で給与明細を開示することによって、原則として紙の給与明細を作成しない会社も最近増えています。

給与明細は渡す相手を間違えないように十分注意しましょう。賞与明細を渡すときには経営者から明細を手渡しして、一言二言会話する機会を設けるのもよいでしょう。

■給与明細の渡し方

> ・紙に印刷して手渡しする
> ・WEB上で開示する
> ・メールなどで送る
>
> 　　　　　　　　　　など
>
> **送る相手を間違えないこと!**

5章

実践 年に一度の大仕事 決算書を作成する

経理部は年に一度、決算書を作成します。本章では、決算書作成の流れを説明し、決算書特有の仕訳や、年末調整についても解説します。

実践 | 01

会社の1年間の成績表 決算書作成の流れ

日々の経理業務が決算書作成につながる

経理部にとって年に一度の大仕事であり、最大の見せ場でもあるのが決算書の作成です。決算書には会社の1年間の業績が記載されており、会社の成績表ともいえるでしょう。また、決算書の内容によって会社の納税額が変わりますし、銀行から融資を受ける際の重要な資料にもなります。

決算書の作成方法は、**日々の仕訳で積み上げた勘定科目の合計値に、各部門から集めた決算資料に基づく決算整理仕訳（138ページ参照）を追加して作成されます。**

「決算時期は残業が多くて大変」などといわれることもあり、気が重くなる人もいるかもしれません。全国に支店があるような大きな規模の会社では、各部署から決算に必要な資料を収集することに多大な労力を要します。

しかし、小さな会社の場合は、日々の経理処理を溜め込まずにやっておけば、決算作業自体はそれほど大変ではありません。なぜなら、小さな会社の場合は部署も少なく取引自体もシンプルであることが多いため、決算特有の処理が少なく、必要な資料収集にも時間はかからないからです。

決算書の作成方法

1 日々の仕訳をする

2 各部署や部門から決算資料を集める

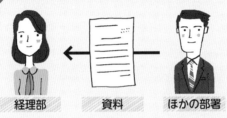

| 経理部 | 資料 | ほかの部署 |

3 仕訳帳に決算整理仕訳を追加して、決算書を作成する

| 日々の仕訳 | + | 決算整理仕訳 | = | 決算書 |

▶ 日々の仕訳が、決算書の作成につながっている

実践｜02

決算書作成の前に やっておくこと

日々の入出金と残高を一致させる

　決算書作成で始めに行うべきことは、会社の現預金の実際の動きの通りに会計帳簿へ記録することです。普通預金については通帳記帳し、そこに印字されている日々の入出金と残高が、勘定科目「普通預金」のそれと一致するよう会計ソフトへ入力していきます。

　現金の場合は日々の現金の出入りを記録している現金出納帳と、勘定科目「現金」のそれとを一致させます。これらの作業は決算特有の処理というよりは、日頃の経理処理のなかでやっていることです。そのため、**日々の経理業務がきちんとできていて現預金の動きと会計帳簿のそれが一致していれば、その時点で決算書の8割は出来上がっている**といってもよいでしょう。

　その後、決算日の日付で決算整理仕訳（138ページ参照）と呼ばれる仕訳を追加すれば、決算書は完成します。決算整理仕訳とは、お金の動きと必ずしも一致しない取引について把握し仕訳をするイメージです。期首期末の在庫を反映させ、売掛金・買掛金・未収入金・未払金などを使った仕訳と減価償却費（126ページ参照）の計上、未払税金の仕訳などが該当します。

決算書作成の流れ

決算書
作成の
8割

会計帳簿へ記録する
(日々の業務)

普通預金 通帳記帳し、会計ソフトに入力する

現金 現金出納帳の内容を会計ソフトに入力する

決算書
作成の
2割

決算整理仕訳を追加する
(決算期の業務)

資産 在庫・売掛金・未収入金を計上する

負債 買掛金・未払金・未払税金を計上する

費用 減価償却費を計上する

決算整理仕訳とは、お金の
動きと一致しない取引を把
握して仕訳することです

会社の財産をチェック 固定資産の減価償却費

売上に対応する費用を適切に計上する

　会社で使うボールペンを100円で購入した場合、「借方：消耗品費、貸方：現金」などと仕訳します。こうした消耗品は１年以内に使い切る可能性が高く、金額も少額なので、支出時に全額費用処理できるという理屈で支出と同時に同額の費用を計上します。一方、営業用の社用車を100万円で購入した場合、支出時に全額費用処理はしません。通常、自動車は１年以上使うことを前提に購入するため、会計や税務の世界では、１年目の100万円という支出の一部が２年目以降の売上とも関連があると考えるのです。そこで、１年以上使用することが可能な資産や、一定金額以上の資産については、消耗品のように支出時に全額を費用処理せず、数年に分けて費用を計上していきます。この方法を「減価償却」といいます。**減価償却は、一度固定資産に計上したうえで、一定のルールで計算した費用を「減価償却費」として仕訳します**。主な減価償却方法は、「定額法」と「定率法」です。法人税法においては、建物・附属設備・構築物や無形固定資産は定額法、それ以外のものは定率法が法定償却方法とされており、実務ではこれにしたがって処理をします。

減価償却の仕訳方法

☑ 社用車を現金100万円で4月1日に購入した場合（3月期末）

月日	借方		貸方	
4月1日	車両運搬具	100万円	現金	100万円
3月31日	減価償却費	50万円	車両運搬具	50万円

※償却期間を4年間とした場合

定額法と定率法

☑ 1000万円のものを5年間で償却するときの費用

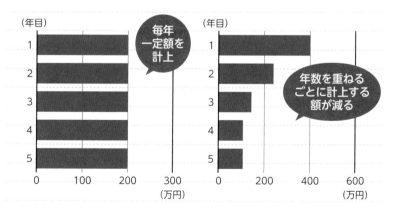

定額法

「購入金額÷耐用年数」の金額を毎年計上する

定率法

償却額は毎年変動する。社用車などが該当する

毎年一定額を計上

年数を重ねるごとに計上する額が減る

実践 | 04

1年以上使用する資産は 固定資産台帳で管理

固定資産とは10万円以上のもの

　固定資産とは、1年以上使用する予定で購入した会社の資産のことをいいます。自社ビル、店舗の内装、社用車、パソコンなど、さまざまなものが会社の固定資産として挙げられるでしょう。126ページで述べたように、これらの固定資産のうち、一定の基準に該当するものは、いったん資産計上され、減価償却のルールに基づいて徐々に費用として計上していきます（ただし土地は時が経っても価値が減らない資産と考えるため減価償却しません）。固定資産の処理は複数年に渡るので、通常は固定資産台帳に記録し、そこで管理をします。**固定資産は、取得価額が10万円以上の資産が該当します。取得価額が10万円未満であれば、消耗品費などと仕訳し、固定資産台帳にも記録しません。**

　また、取得価額が10万円以上の資産だとしても、所定の条件を満たす場合には、税務上の特例を適用して購入時に一度に費用処理できます。大まかなイメージとしては、資本金が1億円以下で主な株主が大企業でない会社であれば、30万円未満の固定資産を購入した場合にはこの特例を使うことができます。ただし、一事業年度につき合計300万円までと決められています。

固定資産とは

固定資産とは、**1年以上使う予定があるもの、取得金額が10万円以上のもの**が該当する。具体的には、

| ビル | 車 | パソコン |

などが該当する

固定資産台帳の記入例

固定資産に該当するものは、固定資産台帳で管理する。決まった形式はないため、エクセルなどで作成してもよい

資産の種類に応じて、償却方法や耐用年数が定められている

取得日	資産名	償却方法	耐用年数	取得金額
2020年4月12日	○○製パソコン	定率法	4年	10万円
2020年5月26日	○○製自動車	定率法	6年	100万円

実践│05

減価償却費を仕訳する方法

耐用年数が減価償却費計算のポイント

減価償却費を計算するにあたって必要な情報は❶取得価額、❷償却方法、❸耐用年数の3つです。

取得価額は、資産本体の価額はもちろん、設置費用や購入手数料など事業供用するにあたって直接要したコストも含めます。

償却方法は、主として定額法と定率法があり、法人税法によって資産の種類ごとに定められています。

耐用年数は、国税庁が資産の種類、構造、用途、細目別に耐用年数を公表していて、購入した資産がどの項目にあてはまるのか考えて決定します。しかし、購入した資産にあてはまりそうな項目が見当たらず、耐用年数の決定に悩むこともしばしばあります。この場合は過去の会社の処理を参考にしたり、顧問税理士に相談するとよいでしょう。

3つの計算要素が決まれば、計算自体は固定資産台帳ソフトを使って自動で算出するのがよいです。仕訳は「借方：減価償却費、貸方：建物」など固定資産科目で処理すると、固定資産台帳の簿価と貸借対照表上の簿価が一致するので、確認しやすくなります。

減価償却費の計算の要素

減価償却費は、取得価額、償却方法、耐用年数の3要素に基づいて計算する

❶取得価額とは
資産本体の価格と事業供用にあたり直接要したコスト

資産を買った値段と、その資産
を使うためにかかった費用

❷償却方法とは
・定率法
・定額法

資産の種類ごとにどちらの方法を使用
するかが法人税法で定められている

❸耐用年数とは
国税庁が公表している耐用年数を参考にする

（例）
パソコン　　　　　　4年間
社用車（軽自動車）　4年間

耐用年数で迷ったら過去
の処理や、顧問税理士に
相談しましょう

損益計算書はどんな数字をまとめるの?

1年間の会社の利益がわかる

決算書は、複数の書類で構成されているのですが、そのなかの一部に「損益計算書」があります。**損益計算書は、収益と費用の合計がまとめられています。**収益から費用を差し引けば、利益が算出されます。つまり、損益計算書を作成することで会社が1年間商売をした結果、いくらもうかったかということがわかるのです。損益計算書の利益には5つの種類があります。

1つ目は、商品販売そのものの利益を示す「売上総利益」です。売上総利益は売上高から仕入高（在庫がある場合はそれらを反映させた売上原価）を差し引いた額です。粗利ともいわれます。2つ目は、本業の利益を示す「営業利益」です。売上総利益から「販売費及び一般管理費（給料手当や消耗品費、減価償却費など）」を差し引いて求めます。

3つ目は、「経常利益」です。営業利益に営業外損益（受取利息や支払利息、雑収入や雑損失）を反映させます。

4つ目は、特別損益を反映させた「税引前当期純利益」です。

最後の5つ目は、法人税などを反映させた「当期純利益」です。

損益計算書の5つの利益

❶売上総利益の求め方

| 売上高 | − | 仕入高
在庫を反映させた売上原価 |

❷営業利益の求め方

| 売上総利益 | − | 販売費・一般管理費
給料手当や消耗品費、減価償却費など |

❸経常利益の求め方

| 営業利益 | ＋ | 営業外損益
受取利息や支払利息、雑収入や雑損失など |

❹税引前当期純利益の求め方

| 経常利益 | ＋ | 特別損益
臨時的に発生する損益や固定資産の売却損益など |

❺当期純利益の求め方

| 税引前当期
純利益 | − | 税金
法人税など |

実践｜07

貸借対照表には どんな数字をまとめるの？

決算日時点の会社の財政状態がわかる

決算書を構成するものとして、損益計算書のほかに「貸借対照表」があります。**貸借対照表は、決算日時点の会社の財政状態を示す資料です。**財政状態をほかの言葉で表すと、お金など財産がいくらあるのか＝「資産」、これから払わなければならないものはいくらあるのか＝「負債」、出資してもらった金額と過去の利益の蓄積はいくらか＝「純資産」となります。これら3つの項目が貸借対照表にまとめられているのです。

資産項目の主な勘定科目は「現金」「普通預金」「売掛金」「未収入金」などです。貸借対照表の左側に表示します。

負債項目の主な勘定科目は「買掛金」「未払金」「預り金」「長期借入金」などです。貸借対照表の右側に表示します。

純資産項目の主な勘定科目は「資本金」「繰越利益剰余金」です。貸借対照表の右側、負債項目の下に表示します。

また、資産と負債については、通常の営業活動に関するものや、1年以内に入金・支払が予定されるものは、「流動資産」や「流動負債」に区分表示し、それ以外は「固定資産」や「固定負債」に区分表示します。

貸借対照表の書き方

資産は、会社の財産がいくらあるかを示す

負債は、これから支払わなければならないものがいくらあるかを示す

資産		負債	
流動資産		流動負債	
現金	200	買掛金	650
普通預金	540	未払金	100
売掛金	150	預り金	20
未収入金	100	固定負債	
受取手形	120	長期借入金	300
商品	56	負債合計	1,070
そのほか	130	純資産	
固定資産		資本金	350
車両運搬具	204	繰越利益剰余金	80
		純資産合計	430
資産合計	1,500	合計	1,500

資産と負債・純資産の合計が一致する

純資産は、出資してもらった金額と、過去の利益の蓄積がいくらかを示す

1年間の集大成
決算書を作成する

仕訳は前期の決算整理仕訳を参考にする

122ページでは決算書作成の流れを説明しましたが、ここでは具体的な作成方法を解説していきます。現代の経理業務では会計ソフトを使用するので、小さな会社であれば、高度な専門知識がなくても、時間をかけずに決算書を作成することができるでしょう。

作成の手順は、月ごとに作成している試算表（90ページ参照）に決算特有の仕訳である決算整理仕訳を追加します。試算表が完成していない場合は、まず預貯金の入力をして、期首から決算月までの試算表を完成させるところから始めましょう。

決算整理仕訳にはいくつか種類がありますが、会社が設立2期目以降の会社であるならば、過去の決算整理仕訳を参考にするとよいでしょう。会計ソフトは過去のデータを閲覧することができるので、前期末の日付で計上されている仕訳を検索します。**過去の仕訳パターンに当期末の金額をあてはめると、当期の決算整理仕訳が完成します。**もちろん、会社の状況が変われば必ずしも同じ仕訳パターーンばかりとは限りませんが、決算整理仕訳の抜け漏れを防ぐ意味で、過去の処理を参照することはとても有効です。

決算書の作成方法

❶試算表をつくる

通常であれば、月に1回つくっているので、それを使う。つくっていない場合は、預貯金の入力をして決算月までの試算表を完成させる

日々の経理業務をしっかり行う

❷決算整理仕訳を追加する

試算表に決算期特有の仕訳である決算整理仕訳を追加する

追加する項目は138ページで解説！

設立2年
以上の
会社

❸過去の決算整理仕訳を参考にする

会計ソフトで前期末の仕訳を検索し、同じ仕訳の形式に、当期末の金額をあてはめれば決算整理仕訳が完成する

漏れを防ぐのにも有効

前期末のデータを
探しましょう

決算整理仕訳で計上する項目

　決算時には、特有の決算整理仕訳を計上すると説明しましたが、ここでは決算整理仕訳の代表的な項目を紹介していきます。

●売上原価の計上：商品を仕入れている会社の場合、期中に売れた商品と売れ残って在庫となっている商品があるでしょう。棚卸により期末在庫金額を把握して、期首在庫金額と洗い替えをします。この仕訳を行うことで、損益計算書の売上原価が、売れた商品の仕入金額のみを表示するようになり、正しい売上総利益を知ることができます。

●締後売上の計上：売上の締日を毎月15日としている場合、16日から月末までの売上は試算表には反映されません。そこで、営業部門から16日から月末までの販売データを入手し、「借方：売掛金、貸方：売上高」として仕訳を追加します（右図参照）。

●減価償却費の計上：126ページでも解説した通り、固定資産台帳システムで計算された金額を仕訳します。

●経過勘定項目の処理：保険期間が翌期以降の保険料を前払いした場合、翌期の対応金額については「損益計算書の保険料」ではなく、「貸借対照表に前払費用」として資産計上します。反対に、前期末で前払費用としたなかに当期が保険期間のものがあれば、その金額を保険料に振り替えます。

●未払税金の計上：消費税や法人税は決算日から２カ月後に納付しますが、金額自体は決算をすれば確定するので、それらを未払計上します。

締後売上の計上例

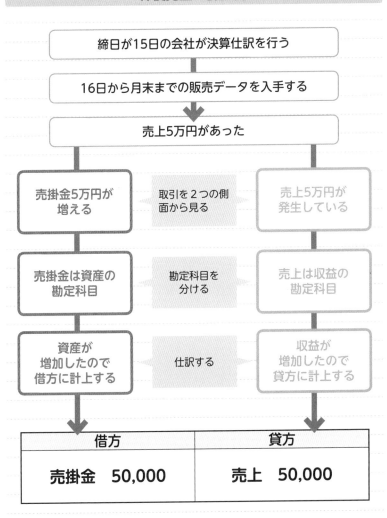

締日が15日の会社が決算仕訳を行う

16日から月末までの販売データを入手する

売上5万円があった

| 売掛金5万円が増える | 取引を2つの側面から見る | 売上5万円が発生している |

| 売掛金は資産の勘定科目 | 勘定科目を分ける | 売上は収益の勘定科目 |

| 資産が増加したので借方に計上する | 仕訳する | 収益が増加したので貸方に計上する |

借方	貸方
売掛金　50,000	売上　50,000

損益計算書は前期と当期で比較する

変化が大きい勘定科目に注目する

　会社が行っている業務の内容は、1年間程度では大きく変化しません。また、仮に業績が拡大している場合でも、金額自体は増加するかもしれませんが、利益率自体はそれほど変わらないことが多いです。**損益計算書を作成したら、確認として前期と当期の数値を並べて比較してみましょう。そのなかで、変化が大きい勘定科目に注目して「なぜ変化したのか」という理由を考えます。**

　前期と当期の損益計算書を勘定科目ごとに比較して、増減額や増減率が大きい科目をピックアップし、その理由を考えましょう。「ヒット商品が出て売上が増加した」「退職者が出て人件費が減った」といった合理的な理由があればよいのですが、理由が思い当たらない場合は、経理処理に間違いがあるかもしれません。

　次に、前期と当期で損益計算書の各利益率を比較し、大きく変化している場合、その理由を考えます。特に売上総利益率は、業種によってある程度決まってくるので、前期と当期で大きく変わるものではありません。売上総利益率が大きく変動している場合は、経理処理の漏れや、場合によっては社員による商品在庫の横領などの不正が判明する場合もあります。

損益計算書の比較例

損益計算書を作成したら、前期の損益計算書と比較する。大幅に変化している勘定科目があれば、その理由を考えよう

増加した合理的な理由がない場合は、経理処理に間違いがないか確認する

単位:千円

前期損益計算書	
売上高	**815**
売上原価	390
売上総利益	425
販管費	150
営業利益	275

売上高が大きく増加

単位:千円

当期損益計算書	
売上高	**2,410**
売上原価	1,687
売上総利益	723
販管費	130
営業利益	593

売上総利益率が大きく変化していた場合は、経理処理の漏れや、そのほかの不正がないかを確認する

経理処理のミスであれば、修正しましょう

貸借対照表を作成したら内訳の詳細を確認する

勘定科目の残高と内訳を確認する

　貸借対照表を作成したら、**資産と負債の勘定科目ごとに内訳明細を作成するとよいでしょう**。普通預金であれば口座番号ごと、売掛金や買掛金は取引先ごと、長期借入金は契約ごとに内訳書を作成します。税務署へ法人税を申告する際に添付する「勘定科目内訳書」の形式で作成しておけば、実際に申告する際にそのまま提出することもできます。

　貸借対照表の勘定科目について内訳書を作成するためには、各科目の総勘定元帳と、通帳や請求書などの仕訳入力の元になった書類を突き合わせて確認する必要があります。この作業を通して入力ミスや残高の不一致に気づくことも多いです。

　また、前期の勘定科目内訳書と比較してみて、金額や取引先の違いについて確認することも作成後のチェックとして有効です。前期と比べて金額が大幅に増減している場合には、その理由を考えてみます。たとえば、長期借入金の金額が増えている場合に「新規で借入をした」という事実があれば問題はありませんが、そうではない場合は、経理処理を確認してみるとミスが判明することもあります。

勘定科目内訳書の形式

☑ 預貯金の内訳書

金融機関名	種類	口座番号	期末現在高			摘要
			百万	千	円	
○○銀行	普通	123456	1	522	621	

口座番号ごとに内訳を作成

☑ 売掛金の内訳書

勘定科目	相手先		期末現在高			摘要
	名称(氏名)	所在地	百万	千	円	
売掛金	B社	東京都 文京区○○		500	000	

取引先ごとに内訳を作成

☑ 借入金および支払利子の内訳書

借入先	法人・代表者 との関係	期末現在高			期中の 支払利子	借入理由	担保の 内容
所在地(住所)					利率		
△△銀行		百万	千	円	円 58,000		
		2	800	000		運転資金	
東京都港区○○					1.9%		

契約ごとに内訳を作成

143

実践 | 11

決算資料を構成する 株主総会議事録の作成

小さな会社の株主は社長であることが多い

　株式会社は、**事業年度終了後に定時株主総会を開催し、計算書類（決算書）を承認しなければならないと会社法によって定められています**。加えて、法人税法では確定決算主義といって、株主総会の承認を受けた決算に係る利益に基づいて事業年度終了日の翌日から2カ月以内に申告することが求められています。

　また、取締役の報酬（役員報酬）についても、定款で定めていない場合は、株主総会で決議する必要があります。法人税法では原則として事業年度終了後3カ月以内に改定した報酬を事業年度終了時まで維持しなければ税務上の経費として認められません（定期同額給与）。そのため、通常は定時株主総会のなかで役員報酬の改定を決議し、証拠として議事録に残しておきます。小さな会社は、会社の株主が、その会社の社長1人である場合も多いでしょう。この場合、**株主の立場で自分が決めた役員報酬の金額などを、取締役の立場で株主総会議事録として作成し、代表者印を押印して会社で保管します**。決算の承認と取締役報酬について決議するひな型を、自社の実態に合わせて書き換えて作成するとよいでしょう。

法人税申告の流れ

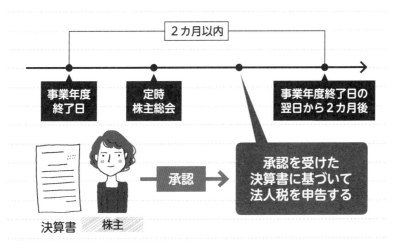

2カ月以内

事業年度
終了日

定時
株主総会

事業年度終了日の
翌日から2カ月後

決算書　株主

承認 → 承認を受けた
決算書に基づいて
法人税を申告する

株主が社長1人の場合の株主総会

小さな会社の場合、株主が社長1人のこともあるが、その場合でも株主総会を行う

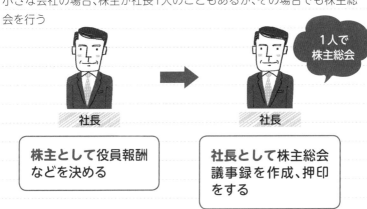

社長

社長

1人で
株主総会

株主として役員報酬
などを決める

社長として株主総会
議事録を作成、押印
をする

実践 | 12

事業年度が終了したら 確定申告と納税を行う

税務署と自治体に確定申告と納税をする

　会社は**事業年度終了の日の翌日から2カ月以内に確定申告をして納税すること**が税法で義務づけられています。期限に遅れると加算税や延滞税が課される場合がありますので、申告期限は必ず守りましょう。

　会社の場合は税務署だけでなく、都道府県や市区町村にも申告と納税をする必要があります。本社とは異なる市区町村に支店や店舗がある場合は、その自治体にも申告と納税が必要です。

　申告する税金の種類は、法人税、地方法人税、（法人）事業税、（法人）住民税などがあります。法人税と地方法人税は税務署へ申告し、（法人）事業税と（法人）住民税は都道府県と市区町村に申告します。いずれも、会社の利益に対して課税される税金です。また、会社が消費税の課税事業者である場合、消費税の申告と納付も必要となります。期限は法人税と同じです。消費税の納付額は、売上時に会社が預かった消費税から、自社が仕入などで支払った消費税を差し引いた金額です。そのため、利益が出ていない会社でも納税額が多額になる場合があるので、それを見越した資金繰りをしておく必要があります。

確定申告の申告先と納税先

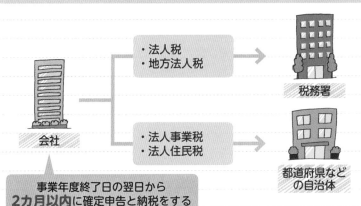

会社

・法人税
・地方法人税 → 税務署

・法人事業税
・法人住民税 → 都道府県などの自治体

事業年度終了日の翌日から
2カ月以内に確定申告と納税をする

消費税の納税額

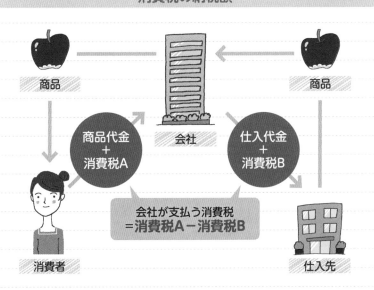

商品

商品

会社

消費者

仕入先

商品代金
＋
消費税A

仕入代金
＋
消費税B

会社が支払う消費税
＝消費税A－消費税B

147

実践 | 13

税金を前もって支払う
中間申告を行う

前期の納税額に基づき中間申告をする

　会社の利益に対して課せられる法人税は、**前期の「差引所得に対する法人税額」が20万円を超えていると、当期に中間申告と納付をしなければなりません**。中間申告の期限は、事業年度開始の日以後6カ月を経過した日から2カ月以内です。

　中間申告の手続き方法は、期限が近づくと税額（前期の税額の50％相当額）などが記載された中間申告書と納付書が税務署から送られてくるので、その納付書を持参して金融機関の窓口で納めるだけです。中間申告書自体は提出しなくても法人税法73条によって提出したとみなされます。

　法人税で中間申告義務がある場合は、（法人）事業税や（法人）住民税でも中間申告する必要があります。この場合も都道府県や市区町村から申告書と納付書が送られてきますので、納付だけすれば大丈夫です。中間納付額は当期の税金を前払いしたものなので、確定申告する際に差し引かれます。

　また、消費税は前期の地方消費税を含まない年税額が48万円を超えていると、法人税と同様に中間申告制度があります。

中間申告の期限

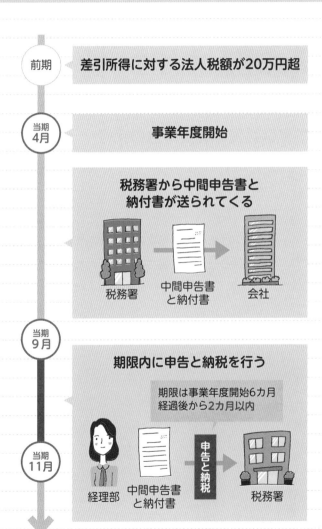

前期 **差引所得に対する法人税額が20万円超**

当期
4月 **事業年度開始**

**税務署から中間申告書と
納付書が送られてくる**

税務署 → 中間申告書
と納付書 → 会社

当期
9月 **期限内に申告と納税を行う**

期限は事業年度開始6カ月
経過後から2カ月以内

当期
11月

経理部 → 中間申告書
と納付書 → 申告と納税 → 税務署

5章

実践 | 14

1年の締めくくり
年末調整はどう計算する?

年末調整は社員の確定申告の代行

　会社員の場合、毎年12月になると年末調整を会社で受け、その年の最後の給与で所得税が還付されたり、不足額を徴収されたりします。本来は社員が自分で自分の所得を計算し税務署に確定申告するところを、**社員の代わりに会社が所得を計算し、税金を徴収して、社員の代わりに税務署へ納税しているのです**。年末調整はいわば「ミニ確定申告」ともいえるでしょう。

　年末調整はミニ確定申告ですから、計算の流れは確定申告と同じです。社員の所得（給与所得）を集計し、社員に提出してもらう書類に基づいて所得控除や住宅借入金等特別控除を適用し、税額を確定させます。確定した税額よりも毎月の給与支払い時に源泉徴収した所得税の合計が多ければ社員へ還付し、足りなければ追加で徴収しましょう。還付または徴収した税額は、翌月10日に納める源泉所得税の納税額に反映させます。

　また、計算した結果を「給与支払報告書」という書類にして、1月末日までに社員が住んでいる市区町村へ送付します。この書類によって市区町村は社員の所得を把握し、住民税を計算しているのです。

年末調整の計算の手順

社員に書類を提出してもらう

扶養控除等申告書、配偶者控除等申告書、保険料控除申告書、住宅借入金等特別控除申告書と必要な添付書類 など

↓

社員の納税額を確定する

社員の給与所得を集計後、所得控除や住宅借入金等特別控除などを適用して計算する

確定した納税額より
**源泉徴収した
合計額が多い**

確定した納税額より
**源泉徴収した
合計額が少ない**

↓

還付する

追加徴収する

↓

源泉所得税を納税する

源泉所得税に年末調整の結果を反映させて1月10日までに納税する

↓

給与支払報告書を作成する

1月末日までに給与支払報告書を作成して社員が住んでいる市区町村へ送付する

5
章

151

実践 | 15

社会保険料の額が決まる
算定基礎届を提出する

社会保険料の金額が決まる重要な手続き

社会保険料（健康保険、介護保険、厚生年金）は、社員と会社でおおむね半分ずつ負担して年金事務所へ納めています。社会保険料の金額は、社員ごとの標準報酬月額によって決まります。

通常、標準報酬月額は毎年7月10日までに日本年金機構へ提出する「算定基礎届」により決定され、原則として翌年の算定基礎届提出まで変わることはありません。つまり、途中で社員の入退社や大幅な昇給などがない限り、社員と会社が負担する社会保険料の金額は、この算定基礎届の内容によって決まります。

記載内容は4月〜6月に社員に支給した報酬月額の金額です。ここでいう報酬は、**基本給や残業手当など所得税が課されるものだけでなく、非課税として取り扱われる通勤手当についても含めなければなりません**。つまり、同じ基本給の社員でも、遠方から通勤している社員のほうが社会保険料の負担額が多くなる可能性があります。期日までに算定基礎届を提出すると、8月ごろに「健康保険・厚生年金保険被保険者標準報酬決定通知書」が会社へ届くので、9月分の給与計算からはそこに記載されている標準報酬月額をあてはめて計算をしていきます。

算定基礎届の記入例

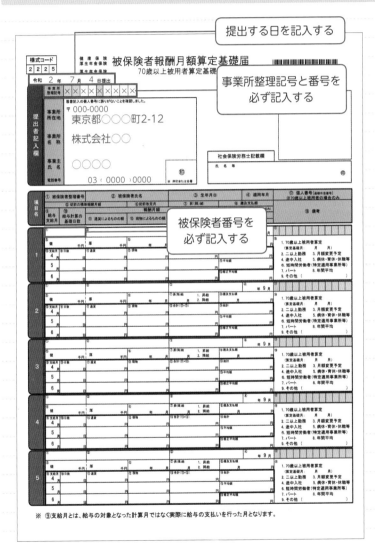

提出する日を記入する

事業所整理記号と番号を必ず記入する

被保険者番号を必ず記入する

※ ⑨支給月とは、給与の対象となった計算月ではなく実際に給与の支払いを行った月となります。

実践 | 16

労働保険料は年に1回まとめて支払う

年度更新と一緒に保険料の納付も行う

　毎月納付する社会保険料とは異なり、労働保険（雇用保険・労災保険）の保険料は、原則年1回の納付です。**労働保険納付の手続きを年度更新といい、毎年7月10日が期限となっています。**

　毎年6月になると、厚生労働省から労働保険年度更新の申告書用紙と申告書の書き方が記載された冊子が郵送されます。年度更新の申告書に前年の4月から今年の3月までに支払いが確定した賃金を集計し記載することで、納める保険料が算出されます。申告書の下部に納付書もついているので、記入して金融機関で納付しましょう。申告書は金融機関を経由して労働局へ提出されます。労働保険料は、年度更新のタイミングで翌年分の賃金を見積もって保険料を概算で前払いしているのです。そして、次の年度更新の際に1年間の賃金の実績値で計算した保険料との差額を精算するとともに、次の1年分の保険料を前払いしています。

　労働保険の賃金に非課税の通勤手当が含まれる点は社会保険の算定基礎届作成の際と同じです。ただし、原則として役員は労働保険に加入できないので、保険料算定のもとになる賃金に役員報酬を含めないように注意しましょう。

労働保険料の納税方法

6月

労働保険年度更新の申告書が届く

厚生労働省から年度更新の申告書が届く

↓

前年4月から今年の3月までに支払いが確定した賃金を集計して記載する

5章

金融機関で納付する

記載した年度更新の申告書と納付書を持参し、金融機関で納付する

前年に支払った保険料と確定した保険料の差額、次の年の1年分の保険料を納付

納付→

7月

経理部　　　　　　　　　　金融機関

労働保険料は、1年分をまとめて支払います

実践 | 17

会社に税務調査が入る！どう対応すればよい？

税務調査を過度に恐れる必要はない

会社が申告した内容が正しいか税務署が調査することを「税務調査」といいます。税務調査が入る場合には、原則として事前に税務署の調査官から日程の連絡があります。税務署から提示された日程で都合がつかない場合は、変更を申し出ても構いません。また、当日確認したい書類も事前に教えてくれるので、指定された書類を用意しておきましょう。調査日程は1日〜2日である場合が多いです。その間は朝から夕方まで調査官が会社にいることになるので、できれば調査のためのスペースや部屋を用意しておくとよいでしょう。

通常、調査初日の午前中には社長の同席が求められます。経理の担当者は終日調査への立ち会いが求められるので、スケジュールを調整しておきましょう。調査中に質問を受けたり、追加の書類を要求されることもありますが、すぐに対応できない場合は慌てずに「後で調べて回答します」といえば問題ありません。

税務調査は、ある程度の利益が出ている会社が対象になる傾向があります。しかし、消費税の還付申告をする場合には設立1年目でも調査が入ることもあります。

税務調査の流れ

前年度と比べて売上や人件費が大幅に変動して
いると税務調査の対象になりやすい

日程調整の連絡

原則として事前に税務調査の連絡が入るため、日程を調整する。
また、当日に必要な書類を聞いておこう

税務調査の準備

指定された書類の準備や、同席が求められる社長のスケジュー
ル調整、同席する経理部員の仕事を調整する。また、調査のため
のスペースを確保する

税務調査の当日

調査にかかる期間は1日〜2日程度。その場で追加の書類を要求
されたり、質問を受けたりすることがある

調査後の対応

調査の結果、問題が指摘されたら修正申告などを行う

▶ **税務調査が入っても慌てずに対応すれば
問題ない**

索引

■著者プロフィール

松田篤史 （まつだ・あつし）
税理士／認定経営革新等支援機関／松田篤史税理士事務所 代表

1976年山口県生まれ。東京学芸大学教育学部卒業。就職氷河期に社会人となり、少しでも就職に有利になることを期待して簿記の勉強を始め、その過程で簿記や会計、税務の面白さに目覚める。大原簿記学校税理士科の講師職を勤めたのち、税理士法人や上場企業経理子会社での勤務を経て税理士として独立。小さな会社や個人事業主向けの税理士事務所である松田篤史税理士事務所（https://mzdtax.jp/）を経営する傍ら、経理職を目指す社会人向け講座の非常勤講師も勤めている。

■問い合わせについて

本書の内容に関するご質問は、下記の宛先までFAXまたは書面にてお送りください。なお電話によるご質問、および本書に記載されている内容以外の事柄に関するご質問にはお答えできかねます。あらかじめご了承ください。

〒162-0846
東京都新宿区市谷左内町21-13
株式会社技術評論社　書籍編集部
「スピードマスター　1時間でわかる　経理1年生のおしごと」質問係
FAX：03-3513-6167
URL：https://book.gihyo.jp/116

※ご質問の際に記載いただいた個人情報は、ご質問の返答以外の目的には使用いたしません。また、ご質問の返答後は速やかに破棄させていただきます。

スピードマスター
1時間でわかる　経理1年生のおしごと

2020年5月13日　初版　第1刷発行
2021年8月27日　初版　第2刷発行

著者	………………	松田篤史
発行者	………………	片岡 巖
発行所	………………	株式会社　技術評論社
		東京都新宿区市谷左内町21-13
電話	………………	03-3513-6150　販売促進部
		03-3513-6160　書籍編集部
編集	………………	伊藤 鮎
装丁デザイン	………………	坂本真一郎（クオルデザイン）
製本／印刷	………………	株式会社　加藤文明社
編集協力	………………	花塚水結（株式会社ループスプロダクション）
本文デザイン・DTP	……	竹崎真弓（株式会社ループスプロダクション）
本文イラスト	………………	小倉靖弘

ISBN978-4-297-11305-6　C0034

Printed in Japan